WAS IST WAS
MINERALIEN UND GESTEINE
Funkelnde Schätze
DER MENSCHLICHE KÖRPER
Wunderwerk der Natur
AUTOS
PS, Hybrid und Turbostars
EISENBAHN
DAS ALTE ROM
W0318980
VULKANE
Feuer aus der Tiefe
WIKINGER
KATZEN
Flinke Jäger auf Samtpfoten
DIE ALTEN GRIECHEN
Götter, Helden, Dichter
NATUR
Erforschen und schützen
FOSSILIEN
DAS ALTE ÄGYPTEN
PIRATEN
Schrecken der Meere
HAUSTIERE
Unsere liebsten Freunde
SPINNEN
Jäger am seidenen Faden
NATUR-GEWALTEN
GELD
Vom Tauschhandel zum Bitcoin
DIE SIEBEN WELTWUNDER
Schätze der Antike
WALE UND DELFINE
Die sanften Riesen
ELEFANTEN
RITTER
Burgen, Turniere, edle Frauen
REGENWALD
Grüner Schatz der Erde
HAIE
Im Reich der schnellen Jäger
KRIMINALISTIK
Dem Täter auf der Spur
UNIVERSUM
Geheimnisse des Weltalls
TESSLOFF

WAS IST WAS

Dr. Bernd Flessner

KRIMINALISTIK

Dem Täter auf der Spur

TESSLOFF

Hier siehst du, wo du bist!

Wo ist was?

Seite 23

Dank moderner Überwachungskameras gibt es von vielen Verbrechen Videoaufzeichnungen, auf denen der Täter zu erkennen ist.

Seite 9

Moderne Polizeiarbeit ist auf den Computer angewiesen. Er liefert schnell alle Daten aus der Verbrecherkartei.

4 Die Geschichte des Verbrechens

14 Spurensuche – am Tatort und im Labor

Seite 19

Ein Schädel reicht aus, um mithilfe von Modelliermasse das Aussehen eines Opfers zu rekonstruieren.

Die mit ▶ markierten Seiten könnten dich besonders interessieren!

Seite 27

Auch heute liefern manche Täter der Polizei Verfolgungsjagden. In der Regel ist jedoch die Polizei schneller.

Seite 32

Autodiebstahl ist ein sehr häufiges Delikt, da Autos leicht zu knacken sind und sich gut im Ausland verkaufen lassen.

Seite 47

Ein moderner 3-D-Drucker kann dazu benutzt werden, das Gesicht und den Kopf eines Opfers zu rekonstruieren.

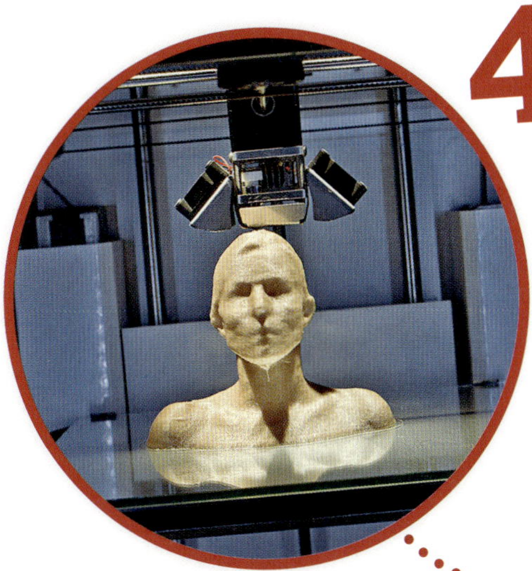

Seite 43

Der Name der Schadsoftware Trojaner geht auf das Trojanische Pferd zurück, mit dem die Stadt Troja erobert wurde.

Hier findest du die wichtigsten Begriffe kurz erklärt.

Vor 5 300 Jahren versuchte Ötzi, auf einem gefährlichen Weg durch die Alpen einem Verfolger zu entkommen.

Straftaten – so alt wie die Menschheit

Rekonstruktion

Im Gletschereis wurde nicht nur die Mumie von Ötzi gefunden, sondern auch seine Ausrüstung, seine Waffen und seine Kleidung. Dank dieser Funde konnte man Ötzis Aussehen rekonstruieren.

Gestohlen, geraubt und gemordet wurde schon immer. Dieses Verhalten liegt in der Natur des Menschen. Seit es Menschen gibt, gibt es auch Verbrechen – und manche dieser jahrtausendealten Taten werden bis heute untersucht!

Mord in der Steinzeit

Vor etwa 5 300 Jahren: Ein Mann wandert und klettert durch die Alpen. Er ist schon viele Tage unterwegs und blickt sich immer wieder um. Denn er wird verfolgt. Am Vortag wurde er sogar überfallen und am linken Arm verletzt, konnte den Angreifer jedoch abwehren. Der Mann ist bestens ausgerüstet: Er besitzt Pfeil und Bogen, eine Kupferaxt und warme Kleidung. Die braucht er auch, denn in über 3 000 Metern Höhe ist es sogar im April noch kalt. An einer windgeschützten Stelle macht er Rast und legt eine Pause ein. Ob er noch immer verfolgt wird? Der Mann sieht sich um und fühlt sich sicher. In aller Ruhe isst er ein Stück Fleisch von einem Steinbock, den er erlegt hat. So hofft er, Kraft zu sammeln für die nächste Etappe in den Bergen. Aber der Mann täuscht sich. Sein Verfolger hat nicht aufgegeben, er ist ihm dicht auf den Fersen. Nach einem schnellen Aufstieg geht er hinter einem Felsen in Deckung und beobachtet den Mann, der ihm gerade den Rücken zuwendet. Eine bessere Gelegenheit gibt es nicht. Der Verfolger zieht einen Pfeil aus seinem Köcher, legt an und schießt. Der Pfeil trifft den ahnungslosen Mann in den Rücken und durchschlägt sein Schulterblatt. Er fällt auf den Kopf und stirbt. Der Mörder geht zu seinem Opfer und zieht ihm den Pfeil aus dem Rücken.

Ermittlung nach über 5 000 Jahren

Der Mann mit dem Pfeil im Rücken ist eines der ältesten bekannten Mordopfer der Welt. Seine Leiche wurde 1991 in den Ötztaler Alpen in Südtirol gefunden und erhielt den Namen Ötzi. Seit seiner Entdeckung arbeiten nicht nur Wissenschaftler daran, möglichst viel über den Toten und seine Lebensweise zu erfahren. Auch Kommissare der Kriminalpolizei interessieren sich dafür, wie Ötzi ums Leben kam. Sie haben seinen Mageninhalt untersucht, sich Röntgenaufnahmen von der Pfeilspitze angesehen und seine Ausrüstung mit modernsten Methoden erforscht. In jahrelanger Zusammenarbeit mit den Archäologen haben Profiler und Ermittler den Tathergang rekonstruiert. Inzwischen sind sie sich sicher: Es war ein heimtückischer Mord. Wer der Täter war, ist leider ebenso unbekannt wie dessen Motiv. Die polizeilichen Ermittler vermuten, dass Ötzi aus Rache ermordet wurde, denn der Täter hat das wertvolle Kupferbeil des Opfers nicht mitgenommen. Ein Mord aus Eifersucht ist natürlich ebenfalls möglich. Wie auch immer – der Täter hat sein Opfer zurückgelassen, ohne es zu berauben. Das spricht für ein Motiv, das auch heute sehr häufig ist: Der Mörder hat sich von Gefühlen leiten lassen, von Wut, Hass oder eben Eifersucht.

Der Raub der Helena

Verbrechen können sogar Kriege auslösen. Von einem solchen Kriminalfall berichtet die »Ilias« des griechischen Dichters Homer, der etwa um das Jahr 850 vor Christus gelebt hat. Es geht dabei um Helena, die schönste Frau der Welt, in die sich alle Männer verlieben. Helena entscheidet sich für Menelaos, den zukünftigen König der Stadt Sparta. Mit dieser Entscheidung aber ist Paris, der Sohn des trojanischen Königs, nicht einverstanden. Mithilfe der Göttin Aphrodite entführt Paris Helena und verschleppt sie nach Troja. Menelaos ist außer sich vor Wut. Zusammen mit anderen griechischen Herrschern fährt er nach Troja, um seine Frau zu befreien. So beginnt der Trojanische Krieg, der zehn Jahre dauert. Verbrechen wie diese Entführung können also auch Geschichte schreiben und sorgen wiederum für spannende Geschichten, die Menschen gerne lesen. Auf diese Weise wurde Homer zu einem der ersten Kriminalschriftsteller. Und was geschah mit Helena? Dank des Trojanischen Pferdes haben die Griechen die Trojaner besiegt und die Stadt zerstört. Menelaos soll seine Helena wieder nach Sparta gebracht und dort lange mit ihr gelebt haben.

Im Trojanischen Pferd versteckten sich griechische Soldaten, die nachts die Tore der Stadt öffneten. So konnten die Griechen Troja erobern.

Schon gewusst?

Auch die Bibel und der Koran berichten von einem Mord. Kaum waren die ersten Menschen auf der Welt, kam es auch schon zum Streit. Die beiden Söhne von Adam und Eva, Kain und Abel, wetteiferten um die Gunst Gottes. Kain wurde schließlich so eifersüchtig auf seinen jüngeren Bruder, dass er ihn erschlug.

Warum gibt es Verbrechen?

Die Antwort auf diese Frage ist gar nicht so leicht. Je nach Zeitalter fallen die Antworten sehr unterschiedlich aus. Im Mittelalter machten die Menschen den Teufel, böse Geister und Dämonen für Verbrechen verantwortlich. Die Täter, so glaubte man, seien vom Bösen befallen oder besessen. Die Strafe sollte dazu dienen, das Böse wieder zu vertreiben. Bei schweren Verbrechen wurde häufig die Todesstrafe verhängt, denn nur darin sah man die Möglichkeit, das Böse endgültig zu besiegen. Die Leichen der Hingerichteten wurden oft verbrannt oder gefesselt, damit sie nicht wieder zurückkehren konnten. Erst nach dem Ende des Mittelalters, zu Beginn des 18. Jahrhunderts, hat man erkannt, dass nicht der Teufel die Schuld trägt, sondern die menschliche Natur. Heute wissen wir, dass unter bestimmten Bedingungen fast jeder Mensch zum Täter werden kann. Deshalb befassen sich Polizisten, Staatsanwälte, Verteidiger und Richter sehr genau mit dem Lebensweg eines Angeklagten. Nur auf diese Weise können sie feststellen, wo die tatsächliche Schuld eines Menschen liegt.

Wie wird ein Mensch zum Täter?

Ob ein Mensch zum Verbrecher wird, hängt von vielen Umständen ab. Wer etwa als Kind schlecht behandelt oder sogar geschlagen wurde, kann als Erwachsener ebenfalls dazu

Ein Block für Hals und Arme

In den Block kamen im Mittelalter Verurteilte, um ihre Strafe zu verschärfen oder sie zur Schau zu stellen.

An den Pranger

Bis ins 19. Jahrhundert wurden Menschen zur Strafe an den Pranger gestellt. Oft hatten sie leichte Straftaten begangen und wurden so dem Spott der Öffentlichkeit preisgegeben. Die Verurteilten wurden bestaunt und beschimpft.

Unglaublich!

Im Mittelalter wurden nicht nur Menschen vor Gericht gestellt, sondern auch Tiere. Einem Hahn, der nicht krähte, oder einer Kuh, die keine Milch gab, konnte der Prozess gemacht werden.

Gefangene wurden im Mittelalter in Ketten gelegt, um sie an einer Flucht zu hindern. Neben Hand- und Fußeisen gab es auch Halseisen.

neigen, andere Menschen zu schlagen. Viele Täter waren früher selbst Opfer von Gewalt. Eine andere Ursache können Freunde und Bekannte sein. Sind sie kriminell, können sie andere dazu verleiten, ebenfalls Straftaten zu begehen. Auch Arbeitslosigkeit und Armut zählen oft zu den Gründen. Manchmal wird eine Straftat einem Menschen auch besonders leicht gemacht. Nicht jeder Geschäftsmann, der entdeckt, wie er mühelos an viel Geld kommen kann, bleibt trotzdem ehrlich. Vor allem wenn er glaubt, dabei nicht erwischt zu werden. Nicht vergessen darf man Krankheiten und Verhaltensstörungen, die Menschen dazu bringen, Verbrechen zu begehen. Die Gründe sind also sehr vielfältig.

Warum gibt es Strafen?

So unterschiedlich wie die Gründe für ein Verbrechen sind auch die Strafen, die verhängt werden. Eine Freiheitsstrafe, also ein Aufenthalt im Gefängnis, soll einem verurteilten Verbrecher verdeutlichen, dass sein Verhalten falsch war. Gleiches gilt für eine Geldstrafe. Die Gesellschaft zeigt ihm durch die Strafe, wie sehr sie seine Tat verurteilt. Aber die Strafe hat noch andere Aufgaben. So sorgt eine Gefängnisstrafe natürlich dafür, dass die Gesellschaft für die Dauer der Strafe vor dem Täter geschützt ist. Bei einer lebenslangen Freiheitsstrafe besteht dieser Schutz dauerhaft. Nur bei guter Führung und einem entsprechenden Gutachten von Experten kann der Täter vorzeitig entlassen werden. Natürlich soll eine Strafe auch eine Art Sühne sein, sozusagen ein Preis, den ein Täter für seine Tat zu zahlen hat. Schließlich hat die Strafe auch noch die Aufgabe, einen Täter abzuschrecken. Vielleicht schreckt er vor der Tat zurück, wenn ihm eine langjährige Gefängnisstrafe droht. Aber diese Hoffnung ist tatsächlich eher gering. Denn wäre es so, dann gäbe es kaum Morde, da in Deutschland über 90 Prozent aller Mordfälle aufgeklärt – und bestraft – werden.

Gefängniszellen waren früher oft kalte und feuchte Verliese.

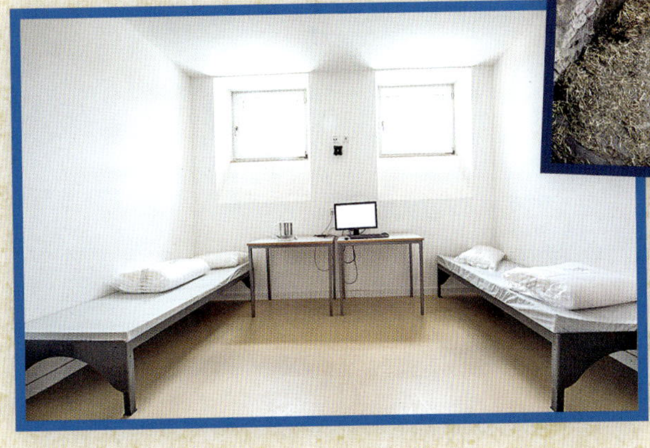

Gefängniszellen in modernen Strafanstalten erlauben eine menschenwürdige Unterbringung von Strafgefangenen.

Ein beliebtes Ziel von Räubern waren Kutschen, denen man auf einsamen Straßen auflauern konnte. Allerdings mussten die Verbrecher auch mit heftigem Widerstand rechnen.

Dem Täter auf der Spur

Ende des 18. Jahrhunderts trieb in Frankreich ein gerissener Verbrecher sein Unwesen: Eugène François Vidocq. Immer wieder wurde er verhaftet, konnte jedoch immer wieder ausbrechen und fliehen. Er stahl Gold und Silber und fälschte geschickt Dokumente. Die Strafen wurden härter, immer länger saß er im Gefängnis. 1809 wurde Vidocq ein letztes Mal verhaftet. Im Gefängnis beschloss er, ein neues Leben zu beginnen: Er wechselte die Seiten. Von nun an bekämpfte Vidocq das Verbrechen. Das fiel ihm leicht, denn er kannte sich in der Welt der Diebe und Mörder bestens aus. Als Geheimagent der Polizei war er so erfolgreich, dass er 1811 die Brigade de la Sûreté (Sicherheitsbrigade) gründen durfte, die zwei Jahre später in La Sûreté Nationale (Die Nationale Sicherheit) umbenannt wurde. Die Sûreté war die erste Kriminalpolizei der Welt. Bis 1966 war sie für kriminalistische Ermittlungen in Frankreich zuständig. Gegründet und geleitet von einem ehemaligen Berufsverbrecher.

Scotland Yard in London

Zu Beginn des 19. Jahrhunderts war London eine Stadt des Verbrechens. Zehntausende Menschen lebten von Diebstahl, Einbruch, Betrug und Mord. Nur der König, reiche Adelige und wohlhabende Bürger wurden von Wachpersonal beschützt. Doch dann

Schon gewusst?

Eugène François Vidocq gründete 1833 ein Nachrichtenbüro, das private Ermittlungen übernahm. Diese kleine Firma gilt als erste Detektei der Welt – und Vidocq als erster Privatdetektiv.

beschloss der Innenminister Robert Peel, die ausufernde Kriminalität einzudämmen. Er gründete 1829 die Metropolitan Police, eine eigenständige Polizeibehörde zum Schutz aller Bürger. Als Hauptquartier der Metropolitan Police wählte der Innenminister ein Gebäude in einer Straße namens Great Scotland Yard aus. Der Name der Straße geht darauf zurück, dass dort früher Könige und Adelige aus Schottland übernachtet haben. Bald verwendeten die Londoner den Spitznamen Scotland Yard, wenn sie die Metropolitan Police meinten. Peel sorgte dafür, dass seine Polizeibehörde immer mit den neuesten Ermittlungsmethoden arbeitete. Lange vor anderen Polizeibehörden wurden von Scotland Yard Fingerabdrücke als Beweise angesehen. Dadurch wurde sie zum Vorbild für andere Polizeibehörden. Längst hat die Londoner Polizei ein neues Hauptquartier in einer anderen Straße bezogen, wird aber noch immer Scotland Yard genannt.

Eine Bundespolizei für die USA

In den USA gab es im 19. Jahrhundert ähnliche Probleme wie in Europa, doch in den Bundesstaaten sorgten Sheriffs und Marshalls für Ordnung. Allerdings durften sie nur in ihrem Bundesstaat ermitteln. Floh ein gesuchter Gangster in einen anderen Bundesstaat, blieb er dort unbehelligt. Um diesen Zustand zu beenden, wurde 1908 eine Bundespolizei gegründet, die in allen Staaten ermitteln durfte. Dieses Bureau of Investigation (Behörde für Ermittlungen) erhielt 1935 seinen endgültigen Namen Federal Bureau of Investigation, kurz FBI. Es wurde natürlich nicht bei kleinen Vergehen wie Autodiebstahl oder einem Wohnungseinbruch eingeschaltet, sondern nur bei schweren Verbrechen wie etwa Mord. Außerdem war das FBI auch noch für die Bekämpfung von Spionage zuständig. Die Ermittler hießen nicht Kommissare oder Detektive, sondern Agenten. Davon gab es bei der Gründung 34. Heute hat das FBI 36 000 Mitarbeiter und unterhält auch Büros im Ausland, darunter in Deutschland.

Das FBI verfügt über besondere Einsatzfahrzeuge. Damit können an einem Tatort alle notwendigen Untersuchungen durchgeführt werden.

Angeberwissen

Uniformierte Polizisten in London werden scherzhaft Bobby genannt. Diesen Spitznamen verdanken sie Robert Peel, denn die Kurzform von Robert ist Bobby. Die »Bobbies« sind also »die Leute von Robert Peel«.

Mit modernster Computertechnik jagt das FBI Spione und Cyberkriminelle. Zum Einsatz kommen auch Programme, die zerrissene Dokumente wieder zusammensetzen können.

Arthur Conan Doyle

Arthur Conan Doyle (1859–1930) studierte Medizin, bevor er Schriftsteller wurde.

Agatha Christie

Agatha Christie (1890–1976) schrieb 66 Kriminalromane und etliche Kurzgeschichten.

Erich Kästner

Erich Kästner (1899–1974) arbeitete auch als Drehbuchautor für große Filmproduktionen.

Astrid Lindgren

Astrid Lindgren (1907–2002) erdachte die Figur des Meisterdetektivs Kalle Blomquist.

Ermittler aus Buch und Film

Angeberwissen

- Sherlock Holmes wird in vielen Filmen mit einer besonderen Mütze gezeigt, der Deerstalker-Mütze. Diese Jagdmütze wird jedoch in den Romanen und Erzählungen nur einmal kurz erwähnt und spielt ansonsten keine Rolle.

Könnten Polizisten und Privatdetektive nicht auch tolle Romanhelden sein? Diese Frage stellten sich im 19. Jahrhundert gleich mehrere Schriftsteller – und begannen damit, Ermittler zu erfinden. Der erste erfolgreiche Detektiv war C. Auguste Dupin, den sich der amerikanische Schriftsteller Edgar Allan Poe ausdachte. Dupin kämpft nicht mit Waffen, sondern mit seinem Kopf. Er löst seine Fälle durch Beobachten und Nachdenken. So wird er zum Vorbild für viele andere Detektive. Darunter ist auch der bekannteste aller Zeiten: Sherlock Holmes. Er wurde 1887 von dem Engländer Arthur Conan Doyle erfunden. Holmes ist nicht nur ein genauer Beobachter, er setzt auch wissenschaftliche Methoden ein und wird dadurch sogar zum Vorbild für echte Ermittler. Erzählt werden die spannenden Abenteuer fast immer von Dr. John Watson, seinem besten Freund. Mit ihm zusammen wohnt er in London in der Bakerstreet 221b. Dort befindet sich heute ein Museum, das an den weltbekannten Detektiv erinnert.

Die berühmteste Detektivin

Aber nicht nur Männer ermitteln in Mordfällen. Miss Jane Marple wohnt in dem erfundenen Dorf St. Mary Mead in England. Sie lebt alleine und ist etwa 65 Jahre alt. Als Colonel Protheroe im Pfarrhaus des Dorfes ermordet wird, klärt Miss Marple den Fall auf. Wie Dupin nutzt sie ihre Beobachtungsgabe und ihren Verstand, um den Täter zu überführen. Schnell wird die eigenwillige Frau, die ihr Haus nicht oft verlässt, zur berühmtesten Detektivin. Erdacht wurde sie von der englischen Schriftstellerin Agatha Christie,

Enid Blyton

Enid Blyton (1897–1968) schrieb sehr schnell und brachte es auf 750 Bücher.

Alfred Hitchcock

Alfred Hitchcock (1899–1980) war ein englischer Filmregisseur und sprach fließend Deutsch.

Ulf Blanck

*Ulf Blanck (*1962) schreibt seit 1999 die Reihe »Die drei ??? Kids«.*

➔ **Rekord**

Rund **2 Mrd.** **Bücher** *hat Agatha Christie bislang verkauft. Damit hält sie den Verkaufsrekord unter den Kriminalschriftstellern.*

die bereits durch ihren Detektiv Hercule Poirot bekannt geworden war. Ihren ersten Fall löste Miss Marple 1930. Wie viele erfundene Detektive ist sie der Polizei immer einen Schritt voraus, denn sie besitzt die bessere Menschenkenntnis. Eigentlich könnte man sie als Fallanalytikerin bezeichnen, die jedem noch so unbedeutenden Detail Beachtung schenkt. Bis heute werden die Erzählungen und Romane von Agatha Christie immer wieder neu verfilmt.

Kinder als Spürnasen

Auch Kinder können gute Detektive sein. Wie Emil Tischbein, dem während der Zugfahrt nach Berlin sein ganzes Geld von dem geheimnisvollen Herrn Grundeis gestohlen wird. Zusammen mit seiner Kusine Pony Hütchen und vielen neuen Freunden kann er den Dieb fassen und der Polizei übergeben. »Emil und die Detektive« wurde 1929 von Erich Kästner geschrieben und seitdem mehrmals verfilmt. Besonders erfolgreich ist Kalle Blomquist, der jugendliche Detektiv von Astrid Lindgren, die auch Pippi Langstrumpf erfunden hat. Zusammen mit Anders Bengtsson und Eva-Lotta Lisander überführt er sogar sehr gefährliche Verbrecher. Georgina (genannt George), Julian, Richard und Anne sowie der Hund Timmy wiederum sind die »Fünf Freunde«, die ab 1942 auf Verbrecherjagd gehen. Erdacht wurden sie von der Engländerin Enid Blyton. Nicht vergessen darf man den amerikanischen Journalisten Robert Arthur, der 1964 »Die drei ???« erfand. Da er ein Freund von Alfred Hitchcock war, bat er den bekannten Regisseur, mit seinem Namen für die neue Serie zu werben. Kriminalromane und -filme sind bis heute sehr erfolgreich. Die meisten Menschen kennen die Arbeit von Kommissaren und Detektiven nur aus diesen Quellen. Die Wirklichkeit sieht dagegen fast immer ganz anders aus.

»Emil und die Detektive« erschien 1929 und wurde mehr als zwei Millionen Mal verkauft. Der Roman wurde in 59 Sprachen übersetzt.

Die Sensation

Auf einer Pressekonferenz in Hamburg am 25. April 1983 stellte der Reporter Gerd Heidemann die Hitler-Tagebücher vor.

Am 28. April 1983 veröffentlichte der »stern« Auszüge aus den Tagebüchern, ohne ihre Echtheit genau überprüft zu haben.

Außergewöhnliche Verbrechen

Die meisten Verbrechen geraten schnell wieder in Vergessenheit. Doch einige sind so außergewöhnlich, dass sie in Erinnerung bleiben und auch nach vielen Jahren noch in aller Munde sind. Manche dieser Kriminalfälle wurden sogar verfilmt.

Die Hitler-Tagebücher

Der bekannteste deutsche Fälscher war Konrad Kujau (1938–2000). Er fälschte nicht nur Bilder, sondern auch Dokumente und Schriften. Eher aus Spaß kam er auf die Idee, ein Tagebuch von Adolf Hitler zu schreiben. Dabei hat der Diktator nie eines geführt, denn er hat nur ungern geschrieben. Kujau schenkte sein gefälschtes Tagebuch einem Bekannten, wo es 1980 zufällig der Journalist Gerd Heidemann vom Magazin »stern« sah. Sofort witterte er eine Riesensensation und wollte das Tagebuch und mögliche weitere kaufen. Er überredete die Chefs des »stern«, ihm das Geld dafür zu geben. Kujau schrieb daraufhin 62 Bände von Hitlers Tagebüchern, für die der »stern« 9,3 Millionen D-Mark (4,7 Millionen Euro) bezahlte. Die Sensation schien perfekt. Hitlers Tagebücher würden auf ein großes Interesse stoßen. Der »stern« hoffte, die Geschichte an viele andere Magazine in aller Welt verkaufen zu können. Doch kaum war im April 1983 das erste Heft mit Auszügen aus den Tagebüchern erschienen, flog die Fälschung auf. Der Inhalt war nicht glaubhaft, Papier und Einband stammten aus den 1950er-Jahren. Kujau wurde verhaftet und zu einer Gefängnisstrafe verurteilt. Wo das Geld geblieben ist, das er für die gefälschten Tagebücher bekam, konnte bis heute nicht ermittelt werden.

Gefälscht wurden die Hitler-Tagebücher von dem Kunstfälscher Konrad Kujau (1938–2000), der für seine Tat drei Jahre im Gefängnis saß.

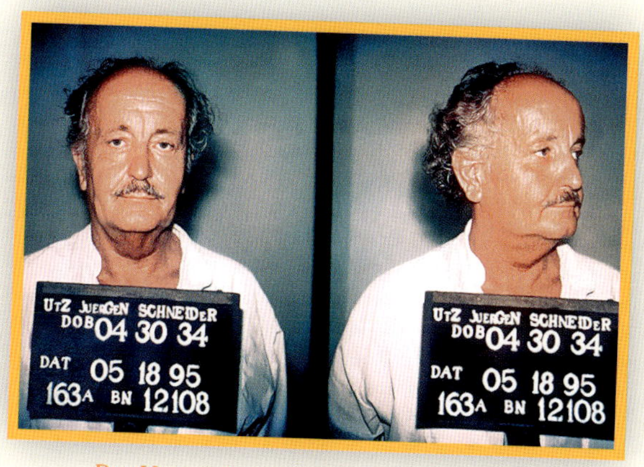

*Der Unternehmer und Betrüger Jürgen Schneider (*1934) nach seiner Verhaftung.*

Der Milliardenbetrug

Jürgen Schneider (geboren 1934) war ein erfolgreicher Bauunternehmer. Er kaufte heruntergekommene alte Gebäude in deutschen Städten, sanierte sie für viel Geld und verkaufte sie dann gewinnbringend weiter. Nach dem Ende der DDR im Jahr 1989 stieg er ganz groß in Ostdeutschland ein und kaufte die berühmte Mädlerpassage in Leipzig und andere historische Gebäude. Doch nachdem zunächst die Preise für sanierte Immobilien angestiegen waren, fielen sie Mitte der 1990er-Jahre wieder. Die Gebäude brachten immer weniger Geld ein, Schneiders Schulden wuchsen. Er brauchte neue Kredite von den Banken. Und die bekam er auch, denn er täuschte die Geldinstitute geschickt: Er gab nicht die tatsächliche Größe des Gebäudes an, sondern verdoppelte sie oder ergänzte in den Unterlagen einfach ein paar Stockwerke. Die Mieteinnahmen würden demnach weitaus höher ausfallen, als sie es tatsächlich waren. Die Banken ließen sich blenden und glaubten, dass die hohen Mieteinnahmen reichen würden, um die Kredite wieder zurückzahlen zu können. Als Schneider 1994 fast vier Milliarden Euro Schulden aufgetürmt hatte, flog der Betrug auf. Schneider floh in die USA und wurde dort verhaftet.

Wer ist Dagobert?

Arno Funke (geboren 1950) arbeitete viele Jahre erfolglos als Maler und Fotograf, bis er auf die Idee kam, Kaufhäuser zu erpressen. Er ließ 1988 nachts eine Bombe im Kaufhaus des Westens in Berlin explodieren und verlangte 500 000 D-Mark (etwa 250 000 Euro) von dem Kaufhausunternehmen. Das bekam er auch, denn das Kaufhaus befürchtete weitere Bomben und das zu Recht. Denn kaum hatte Funke das Geld ausgegeben, zündete er weitere Bomben in Kaufhäusern in verschiedenen deutschen Städten und verlangte Geld von den Unternehmen. Da er sich in seinen Erpresserbotschaften Dagobert nannte, wurde er bald unter diesem Namen bekannt. Fieberhaft fahndete die Polizei nach Dagobert, doch Arno Funke verhielt sich außergewöhnlich schlau. Immer wieder legte er die Polizei bei der Geldübergabe herein. Einmal baute er eine Streusandkiste direkt über dem Einstiegsschacht eines Abwasserkanals. Nachdem dort das Geld hinterlegt worden war, beobachtete die Polizei die Kiste stundenlang. Niemand näherte sich, denn Funke hatte das Päckchen längst von unten in Empfang genommen. Erst 1994 konnte die Polizei Dagobert verhaften. Damit ging einer der längsten und aufwendigsten Erpressungsfälle in der deutschen Kriminalgeschichte zu Ende. Mehr als sechs Jahre saß Arno Funke im Gefängnis.

Schon gewusst?

Die Bereitschaft zur Geldübergabe sollte das erpresste Kaufhausunternehmen durch eine Zeitungsanzeige mit dem Worlaut »Onkel Dagobert grüßt seine Neffen« signalisieren. Seitdem wurde Funke von den Medien und in der Öffentlichkeit nur noch als Dagobert bezeichnet.

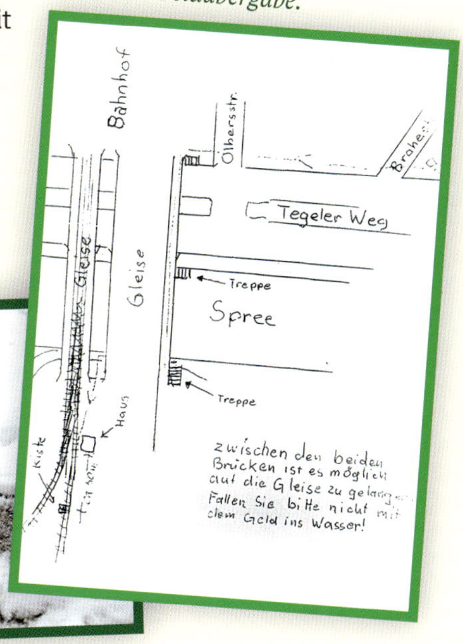

Dagobert zeichnete Skizzen mit genauen Anweisungen für die Geldübergabe.

Diese Streugutkiste wurde von Dagobert eigens für die Geldübergabe aufgestellt.

Am Ort des Verbrechens

Schon gewusst?

Jeder Ermittler kennt die Locard'sche Regel, die Edmond Locard, ein berühmter französischer Rechtsmediziner, schon um 1910 formuliert hat: Es ist unmöglich, ein Verbrechen zu begehen, ohne eine Spur zu hinterlassen.

Der Tatort steht immer im Mittelpunkt der Ermittlungen. Hier wurde die Tat begangen, hier finden sich die entscheidenden Spuren. Mit der Sicherung dieser Spuren beginnt in der Regel die Ermittlung.

Der Erste Angriff

Spaziergänger entdecken im Wald eine Leiche und rufen sofort die Polizei. Zwei Schutzpolizisten in Uniform treffen vor Ort ein. Sie beginnen umgehend mit dem Ersten Angriff. So nennt die Polizei die ersten Maßnahmen an dem Ort, an dem ein Verbrechen stattgefunden hat. Zunächst geht es darum, die Spuren zu sichern. Die Polizisten sperren daher den Tatort weiträumig mit Flatterband ab und sorgen dafür, dass die Kollegen der Kriminalpolizei und der Spurensicherung schnell zum Tatort gelangen können. Erste Hinweise werden gesammelt, Namen von Spaziergängern und weiteren Zeugen werden notiert. Gibt es Hinweise auf einen möglichen Täter, wird sein Name per Funk an die Einsatzzentrale durchgegeben. So kann sehr schnell eine Fahndung eingeleitet werden. Den Tatort selbst betreten die Uniformierten nicht, um keine Spuren zu zerstören. Nur wenn sie nicht ganz sicher sind, ob das Opfer wirklich tot ist, nähern sie sich ihm, achten dabei aber auf jeden Schritt. Wenn die Spurensicherer eintreffen, wird von ihnen ein Pfad angelegt, den nun alle Ermittler benutzen müssen, um keine Spuren zu vernichten. Die Spurensicherer sind besonders ausgebildete Experten und gehören meist dem Erkennungsdienst an. Sie nehmen Fingerabdrücke, stellen besondere Merkmale wie Leberflecke oder Tätowierungen fest und machen Fotos vom Tatort. Ihre Aufgabe ist es auch festzustellen, um wen es sich bei dem Opfer handelt.

Jeder Hinweis zählt

Um selbst keine Spuren zu hinterlassen, tragen die Spurensicherer besondere Overalls. Am Tatort markieren sie jeden wichtigen Gegenstand mit einem nummerierten Schild und machen viele Fotos. So lässt sich die genaue Lage der Leiche und aller Gegenstände später leicht auswerten. Alle Fundstücke, die einen Hinweis liefern könnten, werden vorsichtig eingesammelt und in Plastiktüten oder Boxen verstaut. Fuß- und Reifenspuren werden mit Gips ausgegossen und so gesichert. Besonders wichtig sind Fingerabdrücke, die am Tatort hinterlassen wurden. Um sie zu sichern, werden die Abdrücke mithilfe eines Pinsels und eines schwarzen Pulvers sichtbar gemacht, fotografiert und auf einem Klebestreifen festgehalten. Nun kann sie die Kriminalpolizei mit anderen Abdrücken vergleichen, die in einer Datenbank gespeichert sind. Da jeder Mensch seinen eigenen, unver-

Die Spurensicherung
Nach der Sicherung des Tatorts machen sich die Spurensicherer mit großer Vorsicht an die Arbeit.

Für Spurensicherer gibt es einen besonderen Tatortkoffer. Er enthält alle nötigen Werkzeuge und Hilfsmittel, um am Tatort Spuren zu sichern. Er ist immer griffbereit!

Unglaublich!
Nicht nur Fingerabdrücke können einen Täter überführen, sondern auch Ohrenabdrücke. Die kann ein Täter hinterlassen, wenn er etwa an einer Glasscheibe oder einer Tür lauscht.

wechselbaren Fingerabdruck hat, lässt sich auf diese Weise schnell ein Verdächtiger finden. Allerdings nur, wenn dessen Abdrücke bereits gespeichert sind.

Unsichtbare Spuren

Reifenspuren sind kaum zu übersehen, andere Spuren sind hingegen fast unsichtbar. So kann man Blutspuren, die mit Reinigungsmitteln beseitigt wurden, mit bloßem Auge nicht erkennen. Haben die Spurensicherer eine verdächtige Stelle gefunden, so versprühen sie den Stoff Luminol. Er verbindet sich mit dem Blut und beginnt, bläulich zu leuchten, sobald er mit einer besonderen Lampe angestrahlt wird, die ultraviolettes Licht abgibt. Das Licht selbst ist unsichtbar, wird jedoch von bestimmten Stoffen so reflektiert, dass man diese dann sehen kann. Selbst kleinste Blutspritzer lassen sich so aufspüren. Aber auch winzige Staubkörnchen werden unter ultraviolettem Licht sichtbar. Nach und nach wird der gesamte Tatort untersucht und jeder Papierschnipsel, jedes Haar und jede Stofffaser sichergestellt. Nicht immer wissen die Spurensicherer gleich, wie die Spuren zu deuten sind. Zunächst kommt es darauf an, möglichst viele Spuren zu sichern und für weitere Untersuchungen zur Verfügung zu stellen. Jeder Fund wird in einem Tatortbericht festgehalten. Jedes noch so kleine Detail kann für die Aufklärung des Falles von Bedeutung sein. Darum müssen Spurensicherer äußerst sorgfältig vorgehen.

Reifenspuren
Das Profil eines Reifens ist so unverwechselbar wie ein Fingerabdruck und kann eine wichtige Spur sein.

Fußspuren
Der Abdruck einer Schuhsohle kann einen Täter überführen.

Die Kriminaltechnische Untersuchung

Jeder Verbrecher hinterlässt Spuren. Für die Aufklärung eines Verbrechens ist es daher entscheidend, diese Spuren zu erkennen. Sobald alle Spuren am Tatort gesichert sind, werden sie in einem Labor kriminaltechnisch untersucht. Dort können ganze Autos zerlegt werden, um Fasern, Haare oder Blutspuren zu finden. Auch Pflanzenteile wie Samen oder Pollen können wichtige Hinweise sein. Mit ihrer Hilfe lässt sich bestimmen, an welchem Ort und wie lange das Auto dort gestanden hat. Eine Faser gibt Auskunft darüber, welches Kleidungsstück ein Täter getragen hat. Findet sich an seiner Kleidung auch noch Blütenstaub von Bäumen, so weiß man, dass er sich im Wald aufgehalten hat. Lackspuren belegen, dass er bei seiner Flucht ein anderes Auto gestreift hat. Im Labor entsteht so Schritt für Schritt ein immer genaueres Bild des Tathergangs. Diese schwierige Arbeit übernehmen besonders ausgebildete Experten. Sie werden Forensiker genannt und benutzen modernste Verfahren und Geräte. Unverzichtbar sind dabei Mikroskope aller Art, mit denen selbst winzigste Staubteilchen erkannt werden können.

Der genetische Fingerabdruck

Besonderes Interesse haben die Forensiker an Haaren, Hautschuppen, Blut oder Speichel. Denn sie enthalten das einmalige und unverwechselbare Erbgut eines Menschen in Form eines DNA-Moleküls. DNA ist die Abkürzung für das englische Wort Desoxyribonucleicacid, eine Art Speicher für die Erbinformationen. Schon eine kleine Hautschuppe reicht aus, um diese Informationen zu lesen. Sie werden auch genetischer Fingerabdruck genannt. Und da jeder Mensch in jeder Minute viele Tausend dieser Schuppen verliert, hinterlässt er überall diese Informationen. Zum Beispiel am Tatort. Vergleicht man diesen genetischen Fingerabdruck mit der Probe

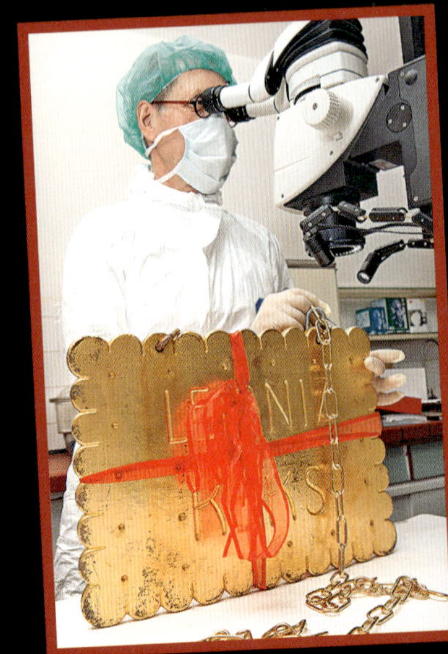

Kleinste Spuren

Mit einem Mikroskop lassen sich Spuren entdecken, die auch mit einer Lupe nicht zu sehen sind. Der Abrieb eines Handschuhs, Hautschuppen, Feilspäne und andere winzige Objekte liefern wichtige Hinweise.

Schon gewusst?

Mit einem Rasterelektronenmikroskop (REM) kann man Gegenstände 100 000-fach vergrößern. Selbst winzige Lacksplitter reichen aus, um festzustellen, von welchem Auto sie stammen. Sogar Typ und Baujahr kann der Experte bestimmen.

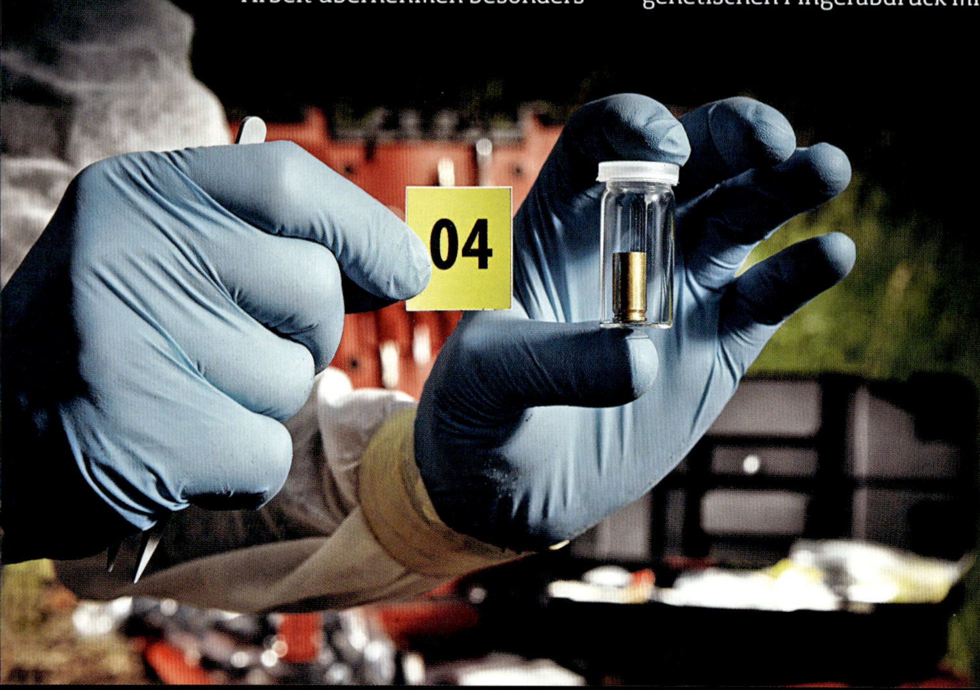

Nur eine Hülse

Eine Patronenhülse ist eine wichtige Spur, die Auskunft über die benutzte Waffe gibt.

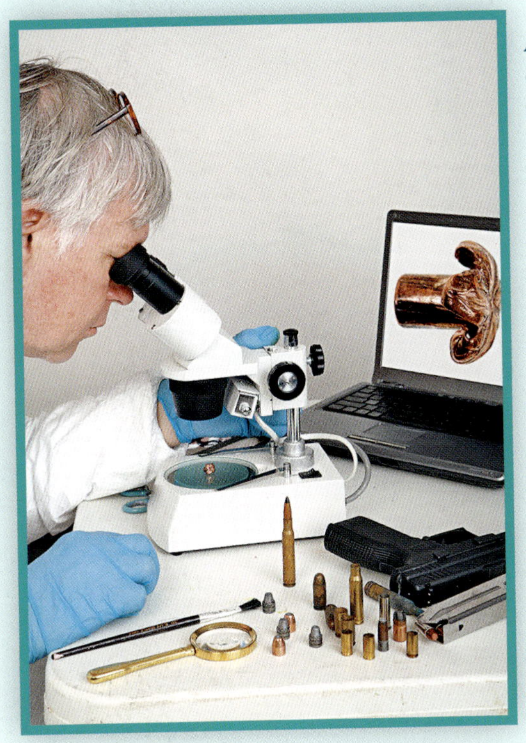

Auch wenn die Kugel durch den Aufprall deformiert wurde, kann sie dem Experten noch viele Hinweise liefern.

eines Verdächtigen, kann man feststellen, ob er am Tatort war oder nicht. Ein genetischer Fingerabdruck ist viel zuverlässiger als ein echter Fingerabdruck. Ein Täter kann Handschuhe tragen, aber es ist so gut wie unmöglich, keine Hautschuppen zu verlieren. Bei manchen Kriminalfällen führt die Polizei auch besondere Tests durch und nimmt von vielen möglichen Verdächtigen Speichelproben. So lässt sich schnell ein Täter ermitteln, denn der Vergleich der Probe vom Tatort mit den untersuchten Speichelproben dauert nicht lange.

Was ein Schuss verrät

Sehr häufig werden bei Straftaten Schusswaffen eingesetzt. Stellen die Ermittler die Kugel und die Patronenhülse sicher, können sie mühelos die Art der Waffe bestimmen. Finden sie dann bei einem Verdächtigen eine Waffe dieses Typs, wird damit ein zweiter Schuss im Labor abgefeuert. Die Kugel landet in einer Kunststoffmasse und kann nun mit der Kugel verglichen werden, die am Tatort gefunden wurde. Da jeder Lauf einer Waffe auf einer Kugel andere Spuren hinterlässt, kann man so nachweisen, mit welcher Waffe welche Kugel verschossen wurde. Auch Schmauchspuren können den Täter verraten. Sie entstehen durch das explosionsartige Verbrennen des Schießpulvers beim Abfeuern der Waffe. Winzige Teilchen dringen in Haut und Kleidung ein und lassen sich auch beim Waschen nicht entfernen. Mithilfe von besonderen Chemikalien kann man diese Schmauchspuren sogar nach Tagen noch sichtbar machen. Schmauchspuren können auch darüber Auskunft geben, aus welcher Entfernung ein Schuss abgefeuert wurde. Hat der Rechtsmediziner den Winkel festgestellt, in dem die Kugel in den Körper des Opfers eingedrungen ist, so kann anhand der Lage des Körpers festgestellt werden, von wo der Schuss abgegeben wurde – es sei denn, der Körper wurde nach der Tat bewegt. Sobald der Tatort ermittelt wurde, wird die Information, von welcher Stelle geschossen wurde, jedoch wieder wichtig. Die Ermittler können jetzt den Tathergang nachstellen.

Angeberwissen

- Die menschliche Stimme hat unverwechselbare Merkmale, ganz ähnlich wie ein Fingerabdruck. Mithilfe elektronischer Messgeräte und der Erfahrung von Sprachexperten kann man eine Stimme einem Menschen zuordnen. So kann ein Anruf, der aufgenommen wurde, einen Täter anhand der Stimme verraten.

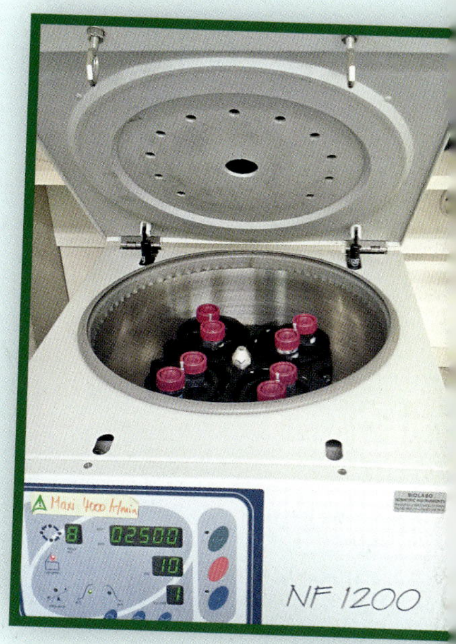

In einer Zentrifuge wird Blut aufbereitet, um es zu analysieren. Das Ergebnis kann wichtige Hinweise auf den Täter liefern.

Fingerabdrücke

Um sie zu sichern, braucht man einen weichen Pinsel und ein feines, schwarzes Pulver. Neben Rußpulver kommen auch Aluminiumpulver, Eisenpulver und andere Pulver zum Einsatz.

In der Rechtsmedizin

In der Rechtsmedizin werden Leichen obduziert, um die genaue Todesursache festzustellen.

Schon am Tatort oder am Fundort einer Leiche versuchen die Kriminalbeamten sich ein Bild davon zu machen, wann und auf welche Weise das Opfer getötet worden sein könnte. In vielen Fällen ist das leicht zu erkennen, etwa bei einer Schusswunde oder einem Messerstich. Gibt es außerdem Tatzeugen oder klare Hinweise, wann das Opfer zuletzt lebend gesehen worden ist, können die Ermittler Tatzeit und Todesursache sehr gut einschätzen. Weist die Leiche keine Anzeichen von Gewalteinwirkung auf, ist diese Aufgabe schwieriger. Immer wieder kommt es sogar vor, dass ein Mord gar nicht entdeckt wird, weil der zu Hilfe gerufene Arzt von einer natürlichen Todesursache ausgeht. Schwierig wird es auch, wenn eine Leiche schon eine Weile in einer Wohnung oder im Wald liegt. Trotzdem suchen die Kriminalpolizisten nach Hinweisen. Ein Kalender, eine alte Zeitung, eine Fahrkarte oder der Poststempel auf einem Brief können hilfreich sein. Doch Klarheit schafft erst die Untersuchung der Leiche in der Rechtsmedizin.

Der Todesursache auf der Spur

Eine Obduktion, also eine Leichenöffnung, wird von einem Richter angeordnet und von Rechtsmedizinern ausgeführt. Sie haben als Ärzte eine besondere Ausbildung und sind auf die Untersuchung von Todesursachen spezialisiert. Zunächst suchen sie den

Schon gewusst?

Die Totenstarre beginnt etwa ein bis zwei Stunden nach dem Tod und hält gut zwei Tage an. Der Grund sind chemische Veränderungen in den Muskeln, die von alleine wieder verschwinden.

Toten nach äußeren Verletzungen ab. Sind Schussverletzungen, Stichwunden, Blutergüsse, Würgemale oder Einstiche von Nadeln zu sehen? Die Farbe der Haut oder der Zunge kann auf eine Vergiftung hinweisen. Finden die Rechtsmediziner das Projektil einer Schusswaffe, wird es entfernt und kriminaltechnisch untersucht. Aus dem Winkel des Eintritts der Kugel in den Körper kann mithilfe der Tatortfotos geschlossen werden, von welcher Stelle der Schuss abgegeben wurde. Blut- und Urinproben werden genommen und auf Rückstände von Giften untersucht. Diese Aufgabe übernimmt ein Toxikologe, ein Giftexperte. Anhand des Mageninhalts können Rechtsmediziner feststellen, wann das Opfer zum letzten Mal etwas gegessen hat und was es war. Außerdem kann der Rechtsmediziner feststellen, ob das Opfer nach seinem Tod noch bewegt wurde, um die Leiche vom Tatort zu entfernen.

Wie lässt sich der Todeszeitpunkt feststellen?

Zu den wichtigsten Aufgaben des Rechtsmediziners gehört die genaue Feststellung des Todeszeitpunktes. Der Zustand der Leiche, des Gewebes und des Blutes gibt hierfür Hinweise. Ist ein Opfer erst seit ein paar Stunden tot, ist es für die Rechtsmediziner oft nicht schwer, Todesursache und Todeszeitpunkt schnell und genau zu bestimmen. Besonders hilfreich ist hier die Körpertemperatur, die nach dem Tod langsam sinkt. Auch das Einsetzen und Enden der Totenstarre gibt verlässliche Hinweise. Doch nicht jedes Opfer wird umgehend gefunden. Immer wieder kommt es vor, dass Leichen erst nach Wochen, Monaten oder sogar Jahren gefunden werden. Selbst dann können Rechtsmediziner noch verwertbare Hinweise finden. Anhand von Insektenlarven, die eine Leiche befallen haben, können Biologen auf den Todeszeitpunkt schließen. Sie wissen, wie viel Zeit eine Larve von der Eiablage bis zum fertigen Tier benötigt und welchen Verwesungszustand bestimmte Insekten bevorzugen. Auch aus einem stark verwesten Körper lässt sich noch ein genetischer Fingerabdruck erstellen. Ebenso kann das Gebiss Hinweise auf das Opfer liefern. Im Gewebe des Toten können noch immer Giftstoffe nachgewiesen werden. Selbst ein Skelett ohne Gewebereste liefert noch Anhaltspunkte. Mit modernen Methoden ist es sogar möglich, das genaue Aussehen eines Menschen nur anhand des Schädels zu rekonstruieren. Früher haben Rechtsmediziner mithilfe von Knetmasse Muskeln und Haut rekonstruiert. Heute übernehmen Computerprogramme die Gesichtsrekonstruktion.

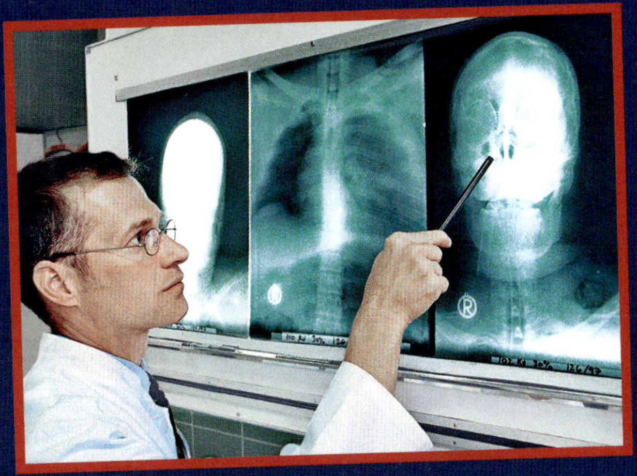

Mithilfe von Röntgenaufnahmen werden innere Verletzungen festgestellt.

Forensische Entomologie

Leichen werden von Insekten befallen. Die Forensische Entomologie kann anhand des Befalls den Todeszeitpunkt und andere Umstände bestimmen.

Hat man nur den Schädel eines Toten zur Verfügung, hilft die plastische Gesichtsrekonstruktion weiter.

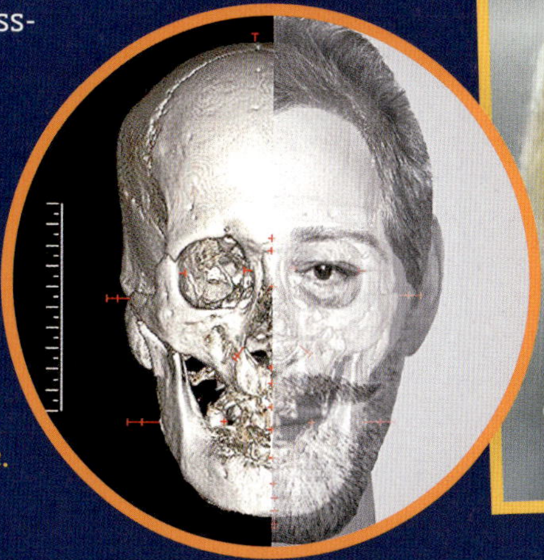

Für eine Gesichtsrekonstruktion braucht man nicht mehr unbedingt Modelliermasse. Auch am Computer kann man das Aussehen eines Menschen rekonstruieren.

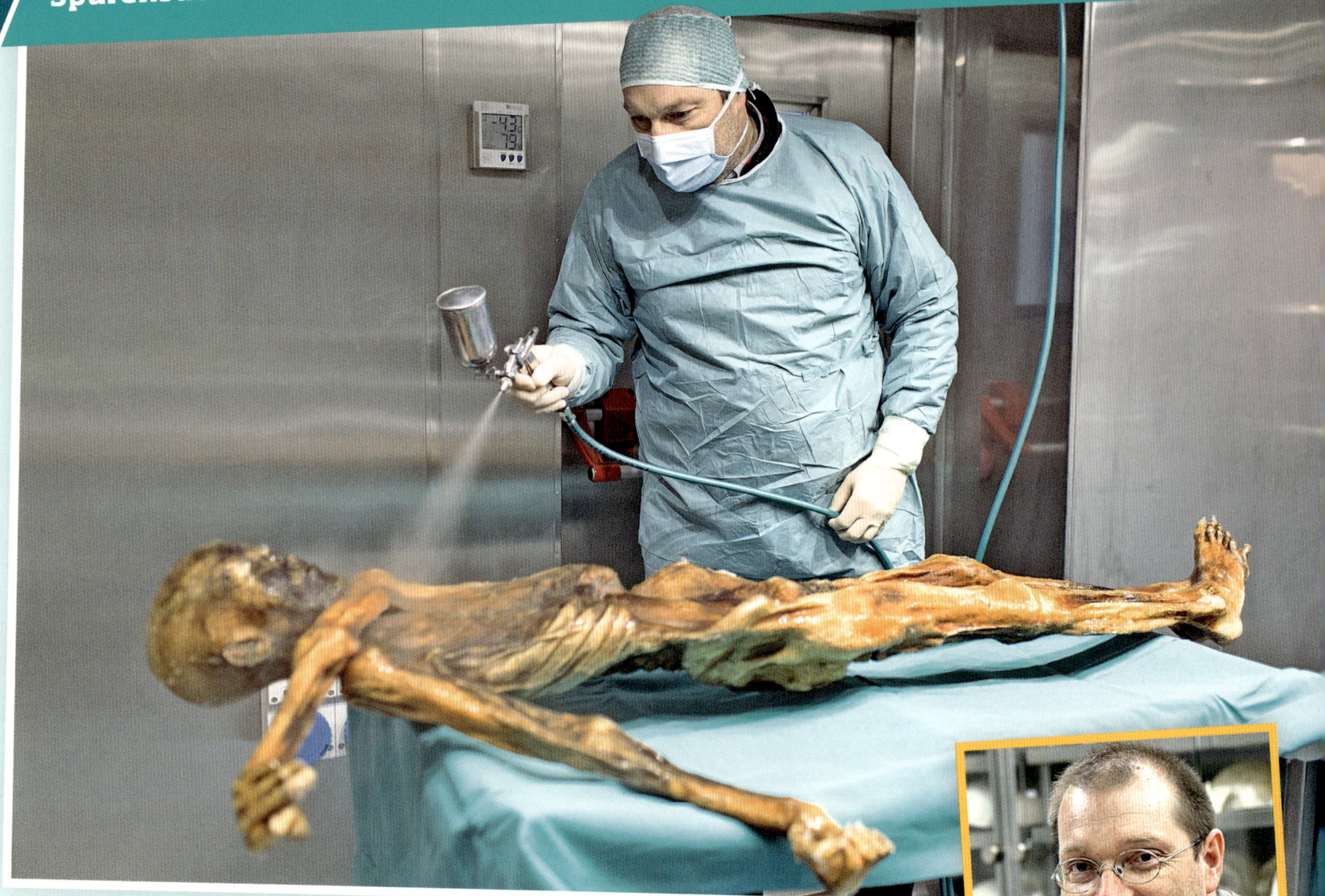

Ötzi verliert durch Verdunstung langsam Flüssigkeit. Diese muss durch regelmäßiges Besprühen mit Wasser ersetzt werden. Die Mumie muss unbedingt erhalten werden, damit sie auch in Zukunft erforscht werden kann.

Name: Oliver Peschel
Beruf: Rechtsmediziner am Institut für Rechtsmedizin der Universität München

Ötzi wird untersucht

Professor Doktor Oliver Peschel ist Rechtsmediziner am Institut für Rechtsmedizin der Universität München. Er ist einer der weltweit führenden Experten auf diesem Gebiet. Seit 2016 ist er für die Erforschung der als Ötzi bekannten Gletschermumie zuständig.

Ötzi ist vor rund 5000 Jahren gestorben. Kann man nach so langer Zeit überhaupt noch etwas feststellen?

Ötzi ist eine der besterhaltenen Mumien weltweit. Bei der Verletzung an seiner rechten Hand kann man im Mikroskop sogar heute noch, also nach über 5000 Jahren, spezielle Fresszellen erkennen, die rote Blutkörperchen in sich aufnehmen und abbauen. Das können sie nur getan haben, wenn Ötzi nach der erlittenen Verletzung noch etwa zwei bis drei Tage überlebt hat. Denn in einem Toten gibt es keine Fresszellen.

Ist Ötzi das älteste bekannte Mordopfer?

In Spanien hat man einen rund 430 000 Jahre alten Schädel gefunden, der zwei Brüche über dem linken Auge aufweist. Sie sind durch Schläge mit einem harten Gegenstand entstanden. Es sind keine Heilungszeichen erkennbar. Das belegt, dass der Mensch an diesen Verletzungen verstorben ist.

Schon gewusst?

Nach seinem Fund wäre Ötzi fast beerdigt worden, da man sein Alter zunächst auf rund hundert Jahre geschätzt hat.

In Fernsehkrimis ermitteln Rechtsmediziner oft in Kriminalfällen. Ist das tatsächlich so?

In Wirklichkeit ermittelt bei uns nur der Polizeibeamte, aber der Rechtsmediziner hilft ihm dabei, indem er wichtige Fragen des Polizisten, wie zum Beispiel nach der Tatzeit, dem Tatort oder den Tatumständen, beantwortet. In anderen Ländern, beispielsweise in den USA, dürfen Rechtsmediziner aber auch selbstständig ermitteln.

Was ist die Aufgabe eines Rechtsmediziners bei heutigen Kriminalfällen?

Rechtsmediziner erheben medizinische Befunde nicht nur an Toten, sondern auch an überlebenden Opfern von Gewalttaten. Mit diesen Befunden versucht man zum Beispiel, den Tatablauf zu rekonstruieren oder Rückschlüsse auf das Tatwerkzeug zu ziehen. Auch der genetische Fingerabdruck und Gifte können analysiert werden.

Welche Hobbys haben Sie?

Ich lese viel. Auch Krimis, wenn sie gut recherchiert sind! Und ich gehe – besonders gerne in den Bergen – auf die Jagd, um das erlegte Wild dann selbst zu versorgen, zuzubereiten und daheim zu essen – fast so wie Ötzi.

Lässt sich jede Todesursache leicht und schnell ermitteln?

Besonders schwierig zu entdecken sind bestimmte Vergiftungen, aber auch ein Tod durch Ersticken kann sehr schwer zu erkennen sein. Auch natürliche Todesursachen wie Herzrhythmusstörungen, ein epileptischer Krampfanfall oder Stoffwechselstörungen, beispielsweise bei Zuckerkrankheit, können schwer nachweisbar sein.

1
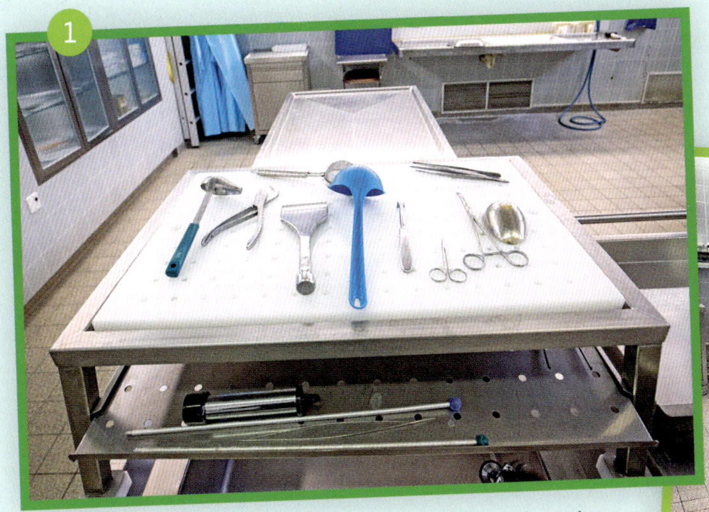

2

(1) *Für eine Obduktion wird ein besonderes Besteck benötigt, mit dem die Leiche geöffnet und untersucht wird.*
(2) *Die Untersuchung der Leiche findet auf gut zu reinigenden Stahltischen statt.*

Die Kommissare übernehmen

Ein Kriminalkommissar koordiniert die Ermittlungen. Mithilfe von Karten, Schaubildern, Grafiken und Fotos dokumentiert er die Ergebnisse dieser Arbeit.

Ein Großteil der Ermittlungsarbeit besteht aus der Sichtung von Fotos und Dokumenten.

Für die Aufklärung von Verbrechen sind Kriminalkommissare zuständig, die speziell für ihre Aufgaben ausgebildet wurden. Auch in anderen Bereichen gibt es Kommissare, etwa bei der Schutzpolizei oder der Wasserschutzpolizei. Doch nur der Kriminalkommissar befasst sich ausschließlich mit Verbrechen. Er kann bei der Mordkommission, dem Raubdezernat, dem Rauschgiftdezernat oder einer anderen Abteilung arbeiten.

Der Staatsanwalt leitet die Ermittlungen

Sobald feststeht, dass eine Straftat vorliegt, ein Einbruch, ein Raub, eine Entführung oder ein Mord, schaltet sich die Staatsanwaltschaft ein. Sie vertritt den Staat und dessen Gesetze und leitet die Untersuchung des Falles. Mit der Aufklärung wird ein leitender Kriminalkommissar beauftragt, meist ein Hauptkommissar. Er hat sich in der Regel schon am Tatort ein Bild von der Lage gemacht und bereits erste Zeugenaussagen, Tatortfotos, ausgewertete Spuren und den Obduktionsbericht des Rechtsmediziners vorliegen. Zusammen mit dem Staatsanwalt legt er das weitere Vorgehen fest, das sich aus ersten Verdachtsmomenten ergibt. Das können Hinweise von Zeugen oder Spuren sein, die eine Tat vermuten lassen. Oft liefert auch eine Vermisstenmeldung einen ersten Anhaltspunkt. Ein Großteil aller Morde sind Beziehungstaten.

Schon gewusst?

Ein sichergestellter Gegenstand, der als Indiz oder Beweis in einem Kriminalfall dienen könnte, wird als Asservat bezeichnet. Der Raum, in dem diese Beweise aufbewahrt werden, ist die Asservatenkammer.

Angeberwissen

Das Wort »Alibi« stammt aus dem Lateinischen und bedeutet »anderswo«. Es ist der Beweis einer Person, zum Zeitpunkt einer Tat nicht am Tatort gewesen zu sein, sondern eben anderswo.

Opfer und Täter kannten sich also. Motive sind sehr häufig Neid, Missgunst, Hass, Rache, Eifersucht oder Kränkung. Habgier ist ebenfalls ein bekanntes Motiv.

Viele Einzelteile ergeben ein Ganzes

Haben Staatsanwalt und Kommissar erste Anhaltspunkte gefunden, die auf mögliche Täter hindeuten, werden von Mitarbeitern die Alibis überprüft. Wer zur Tatzeit nachweislich an einem anderen Ort war, scheidet zunächst als Täter aus. Um die Alibis zu überprüfen, müssen weitere Zeugen befragt werden. Außerdem gibt es die Möglichkeit, Videoaufnahmen von Überwachungskameras anzuschauen, um dort die Verdächtigen zu entdecken. Über die Medien kann das Kommissariat die Bürger um Mithilfe bitten, etwa um Fotos oder Videos, die per Handy gemacht wurden. Vielleicht hat jemand zufällig einen der Verdächtigen aufgenommen? Ein Mitarbeiter kümmert sich um die Akten: Sind die Verdächtigen bereits aktenkundig geworden? Sind sie vorbestraft oder wurden sie früher bereits einmal verdächtigt? Ein weiterer Mitarbeiter überprüft, ob die Abdrücke der Reifenspuren zu einem der Autos passen, die von den Verdächtigen gefahren werden. Hat ein Verdächtiger Streit mit dem Opfer gehabt? Besitzt er eine Waffe? Diese und viele weitere Fragen muss der Kommissar so schnell wie möglich klären.

Beweise für den Prozess

Bald gerät einer der Verdächtigen in den Mittelpunkt der Ermittlungen. Die anderen haben Alibis und scheiden aus. Doch ist es nicht immer hilfreich, einen Verdächtigen umgehend zu verhaften, denn der Staatsanwalt muss ihm die Straftat nachweisen können. Legt der Verdächtige kein Geständnis ab, bleiben nur Indizien. Das sind wichtige Hinweise und Spuren, aber noch keine eindeutigen Beweise. Diese Indizien werden bei einem Prozess vor Gericht nur anerkannt, wenn sie ordnungsgemäß beschafft wurden. Kann etwa ein Kommissar nicht erklären, woher ein Beweisstück stammt, lässt es der Richter nicht zu. Die Ermittler müssen daher den Fund jeder Spur und jedes Beweisstücks genau dokumentieren.

Strenge Regeln für die Ermittler

Außerdem sind viele Vorgehensweisen genau vorgeschrieben. Beispielsweise dürfen Ermittler nicht einfach eine Wohnung betreten und nach Beweisstücken suchen. Eine solche Hausdurchsuchung muss von einem Richter oder Staatsanwalt angeordnet werden, denn sie stellt einen schweren Eingriff in die Rechte eines Menschen dar. Die Wohnung genießt einen besonderen gesetzlichen Schutz und darf nicht ohne triftige Gründe von der Polizei betreten und durchsucht werden. Die Hausdurchsuchung darf kein Kommissar allein durchführen, sondern nur zusammen mit Mitarbeitern und Zeugen. In der Regel ist auch der Staatsanwalt anwesend. So soll gewährleistet werden, dass die gefundenen Beweisgegenstände auch tatsächlich aus der durchsuchten Wohnung stammen.

Videoüberwachung

Die Kamera

Auf vielen Plätzen und Straßen sind heute Kameras installiert, deren Aufnahmen aufgezeichnet werden.

Die Warnung

Schilder machen auf die Videoüberwachung aufmerksam und sollen Straftaten verhindern.

Der Internetzugang

Überwachungskameras lassen sich via Internet öffnen, um Wohnungen zu kontrollieren.

Die Fahndung: Wo ist der Täter?

An einer Straßensperre müssen die Fahrer ihre Papiere vorzeigen. Außerdem werden die Insassen und das Gepäck kontrolliert.

Zwei mit Skimützen vermummte Männer rennen aus einer Tankstelle, steigen in ein Auto und fahren mit quietschenden Reifen davon. Der Verkäufer liegt bewusstlos auf dem Boden vor dem Tresen. Gleich mehrere Zeugen haben den Überfall beobachtet. Einer von ihnen notiert sich schnell das Kennzeichen des Fluchtautos, ein anderer ruft die Polizei.

Fahndungsarten

Unmittelbar nach einem Raubüberfall, einer Geiselnahme oder einem Mord zählt jede Sekunde. Wurde die Tat beobachtet, versucht die Polizei, dem oder den Tätern die Fluchtwege zu versperren. Hilfreich ist in diesem Fall, wenn die Täter und die Fluchtfahrzeuge bekannt sind. Aber auch ohne dieses Wissen finden Ringalarmfahndungen statt. In einem Umkreis von 20 bis 50 Kilometern um den Tatort werden Fahrzeuge angehalten und kontrolliert. Die Polizei kann Straßen sogar komplett sperren. Selbstverständlich sind die Polizisten bewaffnet, um sich notfalls verteidigen zu können. Auf Bahnhöfen und Flughäfen finden ebenfalls umfassende Kontrollen statt. Es soll unbedingt verhindert werden, dass die Täter entkommen und sich ins Ausland absetzen. Eine Ringalarmfahndung nimmt den Tätern auch die Möglichkeit, sich in Ruhe einen Fluchtplan zu überlegen oder sich falsche Ausweise zu besorgen. Sie sollen den Fahndungsdruck spüren und zu Fehlern verleitet oder zur Aufgabe genötigt werden. Bei einer Großfahndung wird in einem größeren Gebiet nach den Tätern gesucht. Dies kann ein Bundesland oder sogar das ganze Bundesgebiet sein. Bei einer Zielfahndung werden bekannte Täter gezielt gesucht, etwa an ihren üblichen Aufenthaltsorten. Dazu werden Zielfahnder eingesetzt, die

Polizisten halten nachts ein Fahrzeug an, in dem sie einen Verdächtigen vermuten.

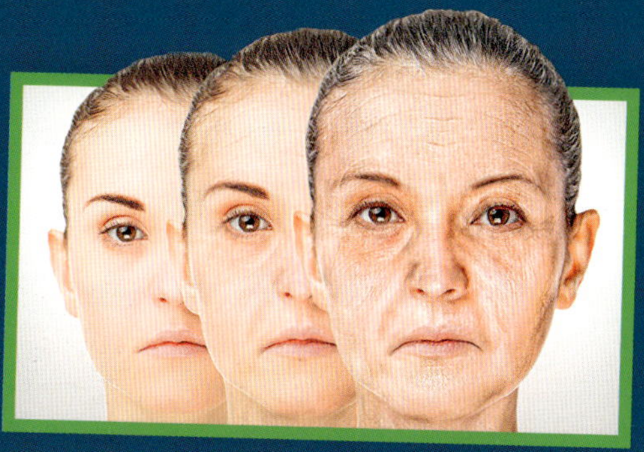

Moderne Computerprogramme können einen Menschen künstlich altern lassen. Vor allem bei Personen, die seit vielen Jahren vermisst oder gesucht werden, wird dieses Verfahren eingesetzt.

viel über die gesuchten Personen wissen. Die Polizei kann sich jedoch auch für eine Öffentlichkeitsfahndung entscheiden. In diesem Fall werden Steckbriefe eingesetzt und die Fotos der Gesuchten in den Medien gezeigt.

Das Phantombild

Anhand der Zeugenaussagen schauen die Ermittler in einer Datenbank nach und zeigen den Zeugen passende Fotos am Bildschirm. Entdecken sie den Gesuchten, kann mit dem Foto nach dem Täter gefahndet werden. Ist jedoch der Täter unbekannt und in keiner Datei zu finden, wird ein Phantombild erstellt. Früher waren dafür Phantombildzeichner verantwortlich. Heute wird diese Aufgabe am Computer erledigt. Ein Mitarbeiter der Polizei, der Phantombildersteller, lässt sich den Täter ganz genau beschreiben und setzt aus verschiedenen Bildbausteinen wie Schädelform, Augenfarbe, Frisur, Nase oder Kinn das Gesicht zusammen. Das Phantombild ähnelt einem Foto und kann nun zur Fahndung verwendet werden. Viele Täter wurden dank eines Phantombildes schon gefasst.

Zeugen können sich irren

Nicht immer ist die Erstellung eines Phantombildes ganz einfach, denn oftmals weichen die Beschreibungen der Zeugen voneinander ab. Jeder Zeuge hat den Täter von einer anderen Position aus gesehen, war unterschiedlich weit entfernt und hat die Situation anders erlebt. Ein Phantombildersteller muss also die Zeugen sehr genau befragen. Vor allem bei der Augenfarbe und der Haarfarbe gibt es Abweichungen. Wurden DNA-Spuren am Tatort gefunden, können Haar- oder Augenfarbe mithilfe des Erbguts genau bestimmt werden. So kann man die Angaben der Zeugen verlässlich berichtigen. Ist das Phantombild fertig, beginnt die Fahndung. Bei einer Öffentlichkeitsfahndung werden die Bürger mit Steckbriefen um ihre Mithilfe gebeten und die Presse wird informiert. Wer den Gesuchten kennt oder gesehen hat, kann sich bei jeder Polizeidienststelle melden.

Steckbrief

3000 M. Belohnung

Kassenraub im Rathaus von Köpenick

Wer kennt den Täter?

50 Jahre alt, nach vorn gebeugte Kopfhaltung, und vorgestreckte rechte Schulter. Das Gesicht gelblich, krankhaft, häßlich. Eingefallene Backen, rotblonder, jetzt grauer, stark herabhängender Schnurrbart, scharf geformte Nase, etwas krumme, sog. O-Beine.

Zweckdienliche Angaben werden von allen Berliner Polizeidienststellen entgegengenommen!

Berlin, 16. Oktober 1906

Schon gewusst?

Der Steckbrief verdankt seinen Namen mittelalterlichen Prozessen. Der Steckbrief war die Vorladung zu einem Gerichtsprozess, der dem Beschuldigten in den Tor- oder Türriegel gesteckt wurde.

Die Phantomzeichnung

1 Bleistift

Lange Zeit wurden Phantombilder nur mit dem Bleistift gezeichnet. Die Zeichner sind besonders ausgebildet und können nicht nur gut zeichnen, sondern auch die richtigen Fragen an die Zeugen stellen.

2 Computer

Heute kommen verschiedene Computerprogramme zum Einsatz. Dank besonderer Stifte kann auch auf dem Bildschirm gezeichnet werden. Aber es lassen sich auch vorhandene Details wie Brillen oder Hüte verwenden.

Ein Fahnder benutzt ein Teleobjektiv, um einen Verdächtigen zu beobachten und zu fotografieren. Die Fotos können später zu Beweisen werden.

Beschattung – Wenn die Beweise fehlen

Die Polizei ist sich sicher, einen Verdächtigen aufgespürt zu haben, der für eine schwere Straftat verantwortlich ist. Doch es gibt nur ein paar unbedeutende Indizien – harte Beweise, die den Täter eindeutig überführen, fehlen. In diesem Fall wird der Verdächtige von Polizisten observiert, also beschattet. Der Verdächtige wird zur Zielperson und gegebenenfalls rund um die Uhr auf Schritt und Tritt verfolgt und beobachtet. Für das Gelingen ist es besonders wichtig, dass die Zielperson nichts von der Observierung merkt. Um dies zu erreichen, übernehmen immer wieder andere Polizisten die Beschattung. Auch die Fahrzeuge werden gewechselt. Sobald die Zielperson mit einem anderen Menschen spricht oder jemanden besucht, machen die Beamten Fotos. So schnell wie möglich muss geklärt werden, um wen es sich bei diesen Personen handelt. Sind es vielleicht Komplizen? Sind es Hehler, die mit gestohlenen Gegenständen handeln? Oder haben sie gar nichts mit der Straftat zu tun? In einem besonders schweren Fall kann ein Richter auch anordnen, die Telefone der Zielperson abzuhören und ihre E-Mails mitzulesen. Die Ergebnisse der Observierung können dann vor Gericht als Beweise genutzt werden.

Kontrolle

Der Laderaum eines Lkw ist ein beliebtes Versteck. Die Polizei kontrolliert häufig verdächtige Fahrzeuge.

Bei der Verfolgung eines Fahrzeugs kommt es darauf an, vom Verdächtigen nicht bemerkt zu werden.

Mit einem Hubschrauber lassen sich Fahrzeuge besonders gut verfolgen. Sie haben kaum eine Chance zu entkommen.

Kontrollen helfen bei der Aufklärung

Viele Verbrechen werden erst bei Kontrollen entdeckt. Beispielsweise überprüft die Autobahnpolizei verdächtige Fahrzeuge. Lkw werden angehalten, auf Parkplätze geleitet und dort werden von den Polizeibeamten Fracht und Papiere kontrolliert. Rauschgift, Waffen oder Falschgeld werden häufig in Fahrzeugen geschmuggelt. In Häfen werden Schiffe kontrolliert, denn auch sie werden für den verbotenen Handel mit Rauschgift und anderen Waren eingesetzt. Manchmal müssen sogar Taucher bemüht werden, denn Pakete mit Rauschgift können an der Bordwand unter Wasser befestigt worden sein. Schiffe werden sogar von Flugzeugen aus der Luft kontrolliert, denn Kapitäne könnten ihre Öltanks unterwegs reinigen und altes Öl ins Meer ablassen. Auch Umweltgifte oder Industrieabfälle könnten bewusst ins Meer gekippt werden. Ohne eine umfassende Kontrolle würden diese Verbrechen nicht aufgeklärt werden. Hierbei arbeitet die Polizei eng mit dem Zoll, der Steuerfahndung und anderen Behörden zusammen.

Verfolgung auf der Autobahn

Nicht immer geben Kriminelle auf, wenn sie bei einer Kontrolle oder einer Straftat erwischt werden. Manche Täter kommen sogar mit schnellen Wagen aus dem Ausland, rauben beispielsweise den Geldautomaten einer Bank in Deutschland aus und fliehen dann mit hoher Geschwindigkeit über die Grenze. Das klingt nach Kriminalfilm, geschieht aber wirklich. Die Polizei hat für diesen Fall besondere Einsatzfahrzeuge mit starken Motoren. Außerdem können sie sehr viele Fahrzeuge und auch Hubschrauber einsetzen. An erster Stelle steht aber immer die Sicherheit. Denn bei einer Verfolgungsjagd auf Bundesstraßen oder der Autobahn sind immer auch unbeteiligte Menschen gefährdet, die zufällig vor Ort sind. Unfälle können vorkommen. Im Gegensatz zu ihren amerikanischen Kollegen dürfen die deutschen Polizisten nicht auf das Fluchtfahrzeug schießen. Oft gelingt es aber, die Täter mithilfe einer Straßensperre an einer Ausfahrt zu stoppen.

Rekord

24 Polizeiwagen

und ein Hubschrauber haben ein Fluchtfahrzeug auf acht verschiedenen deutschen Autobahnen verfolgt.

Liegen die Beweise endlich vor, erfolgt der Zugriff. Der flüchtige Verdächtige wird festgenommen und zum Kommissariat gebracht.

Ein Fallanalytiker notiert alle wichtigen Daten, Fakten und Untersuchungsergebnisse auf einer Schautafel, um leichter Schlüsse daraus ziehen zu können.

Der Fallanalytiker

Trotz einer guten und sorgfältigen Ermittlungsarbeit kann es passieren, dass auch die besten und erfahrensten Kommissare einen Fall nicht lösen können. Handelt es sich um ein sehr schweres Verbrechen wie Mord oder Entführung, bitten die Ermittler besonders ausgebildete Spezialisten um Hilfe: die Fallanalytiker. Sie arbeiten im Bundeskriminalamt und in den Landeskriminalämtern. Diese Ämter sind für schwere Verbrechen zuständig, deren Aufklärung kompliziert ist. Das Bundeskriminalamt kümmert sich zudem um Fälle, bei denen die Spuren ins Ausland führen. In der Regel reisen mindestens drei Fallanalytiker an, um die Ermittler vor Ort zu unterstützen. Die Fallanalytiker verfügen über sehr viel Erfahrung. Ihre Arbeit wird »operative Fallanalyse« genannt. Sie lassen sich die bisherigen Ermittlungsergebnisse, Informationen und Indizien von den Kommissaren geben. Natürlich besuchen sie auch den Tatort und verschaffen sich einen eigenen Eindruck. Anschließend beginnen sie die Ermittlungsarbeit von Neuem, jedoch mit anderen Methoden als die Kriminalbeamten. Die Fallanalytiker setzen beispielsweise auch sozialwissenschaftliche und psychologische Methoden ein. Viel umfassender, als die Polizeibeamten dies können, untersuchen sie die Beziehungen der Opfer, sehen sich Freundeskreis, Arbeitsumfeld oder auch Sportvereine ganz genau an. Wo könnten sich Täter und Opfer begegnet sein? Falls es Hinweise auf einen Serientäter gibt, vergleichen sie die Tatorte und suchen nach Gemeinsamkeiten, die Rückschlüsse auf den Täter zulassen. Wie ist er zum Tatort gelangt, wie hat er ihn verlassen? Hatte er Nachtschlüssel? Wo hat er sie anfertigen lassen? Die Fallanalytiker spielen jede noch so abwegige Möglichkeit durch, bis sie eine Spur gefunden haben.

Rekonstruktion

Mithilfe einer Puppe rekonstruiert ein Fallanalytiker den Tathergang ganz genau.

Wie entsteht ein Täterprofil?

Den Fallanalytikern stehen besondere Datenbanken zur Verfügung, mit deren Hilfe sie feststellen können, ob es vergleichbare Verbrechen schon einmal gegeben hat und wo sie stattgefunden haben. Eine dieser Dateien ist die ESPE (Experten- und Spezialistendatei), die sich im Bundeskriminalamt (BKA) befindet. Andere Programme und Dateien geben Auskunft über Straftaten in einer Stadt oder Region. War beispielsweise der Tatort eine U-Bahn-Station, so vergleichen die Fallanalytiker diese Tat mit anderen Vergehen, die ebenfalls an U-Bahnhöfen begangen wurden. Eine große Rolle spielt die Tatzeit. Was fand noch um diese Zeit statt? Endete ein Fußballspiel? Schlossen die umliegenden Kneipen? Gab es andere Vorfälle in der näheren Umgebung, etwa Diebstähle oder Verkehrsunfälle? Trug der Täter außergewöhnliche Kleidung? War seine Körperhaltung auffällig? Zeugen werden auch nach den kleinsten Details erneut befragt. Am Ende entsteht ein Täterprofil, das lauten könnte: Der Täter ist männlich, zwischen 30 und 40 Jahre alt, lebt wahrscheinlich allein und muss in der Nähe des Tatorts wohnen. Somit wird der Kreis möglicher Verdächtiger eingeengt und die Polizei kann gezielter fahnden.

Cold Case – Der alte Fall

Trotz aller Bemühungen können nicht alle Fälle gelöst werden. Irgendwann landen die Beweisstücke in der Asservatenkammer und die Zeugenaussagen werden zu den Akten gelegt. Vergessen ist der Fall dennoch nicht. Immer wieder kommt es vor, dass nach Jahren und sogar Jahrzehnten neue Indizien auftauchen oder Aussagen gemacht werden. Natürlich werden auch immer bessere Methoden entwickelt, um Spuren zu untersuchen. Eine wichtige Methode ist der genetische Fingerabdruck, auch DNA-Abgleich genannt. Dafür wird immer weniger Material benötigt – eine Hautschuppe genügt. Eine ganze Reihe alter Fälle, auch Cold Cases genannt (engl. »kalte Fälle«), konnten so nach 20 oder sogar 30 Jahren aufgeklärt werden. In einem Mordfall aus Aachen reichte eine Zigarettenkippe aus, um einen Täter 20 Jahre später zu überführen. Und da Mord nicht verjährt, wurde er angeklagt und verurteilt. Wer also glaubt, dass die Ermittler nach einiger Zeit aufgeben oder eine Tat vergessen, der irrt sich. Regelmäßig wird überprüft, ob sich ein Cold Case nicht doch noch aufklären lässt.

Wo hat sich der Täter zu welchem Zeitpunkt aufgehalten? Bei der Beantwortung dieser Frage helfen Karten mit besonderen Markierungen, Datums- und Entfernungsangaben.

Schon gewusst?

Fallanalytiker der Polizei werden oft auch Profiler genannt. Diese Bezeichnung ist aber falsch, da die Analytiker keineswegs nur ein Täterprofil erstellen, sondern viel umfassender ermitteln. Das Täterprofil ist nur eine von vielen Methoden, die sie anwenden.

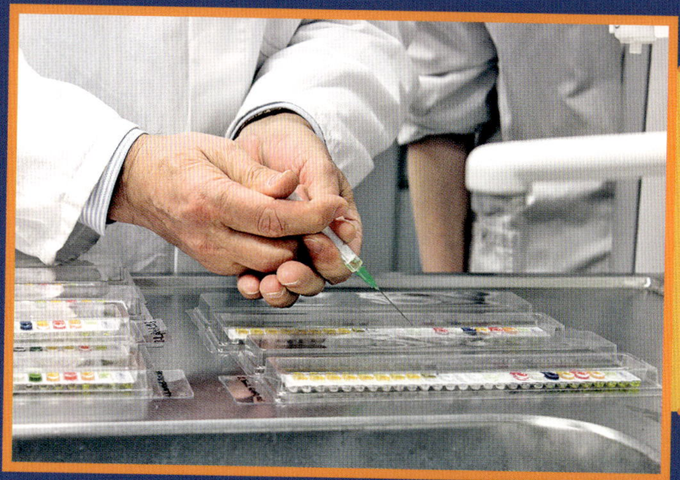

DNA-Abgleich

Für einen DNA-Abgleich benötigt man zwei Gewebeproben, die genügend genetisches Material enthalten. Das können beispielsweise Haare, Speichel oder Hautschuppen sein. In einem Labor werden einige ausgewählte Eigenschaften beider Proben miteinander verglichen. Stimmen sie überein, hat man den Täter gefunden. Irrtümer sind dennoch möglich.

Verhaftung und Verhör

Die Verhaftung eines Verdächtigen bedeutet noch lange nicht, dass die Kriminalbeamten ihm die Tat auch beweisen können. Verhöre und weitere Untersuchungen sollen ihn überführen und schließlich zum Geständnis bringen.

Sie sind vorläufig festgenommen!

Die Ermittlungsarbeit der Polizei war erfolgreich, die Kriminalbeamten sind davon überzeugt, den Täter zu kennen. Doch nicht immer befindet er sich zu diesem Zeitpunkt schon in Gewahrsam. Zunächst muss ihn die Polizei festnehmen. Die Beamten können ihn jetzt einen Tag festhalten und vernehmen. Reichen die Beweise nicht aus, müssen sie ihn wieder auf freien Fuß setzen. Erhärtet sich jedoch der dringende Tatverdacht, so stellt ein Richter einen Haftbefehl aus. Erst dann wird der Tatverdächtige verhaftet und kann in Untersuchungshaft genommen werden. Er kann jetzt länger festgehalten werden. Die Polizei hat nun Zeit, dem Verdächtigen die Tat umfassend nachzuweisen. Weitere Haftgründe sind Flucht- und Verdunkelungsgefahr. Der Verdächtige könnte fliehen und sich irgendwo verstecken, vielleicht sogar im Ausland. Bei der Verdunkelungsgefahr besteht der Verdacht, dass der mögliche Täter Beweise und Spuren vernichten oder Zeugen beeinflussen könnte. Die Untersuchungshaft soll ihn daran hindern.

Wenn es gefährlich wird, kommt das SEK

Nicht immer lässt sich ein Tatverdächtiger festnehmen, ohne dass er Widerstand leistet. Vor allem Schwerverbrecher oder Terroristen versuchen oft mit Waffengewalt, sich einer Festnahme zu entziehen. Hat die Polizei diesen Verdacht, plant sie einen entsprechenden Zugriff. Sie zieht viele Beamte an dem Ort

Nach einer Festnahme ist der Fall noch lange nicht geklärt. Es folgen Verhöre und weitere Ermittlungen, um dem Gericht genügend Beweise vorlegen zu können.

Schon gewusst?

Androhung von Gewalt oder Einschüchterungen sind bei einer Vernehmung verboten. Sollten dennoch Geständnisse erzwungen werden, haben sie vor Gericht keine Gültigkeit.

Verhöre sind nicht leicht zu führen, denn nicht jeder Verdächtige ist ein schlechter Lügner. Aber die Ermittler sind dafür bestens ausgebildet.

zusammen, an dem der Verdächtige vermutet wird. Dies könnte ein Haus sein. Es wird umstellt und abgeriegelt, um eine Flucht zu verhindern. Von verschiedenen Seiten dringen die Polizisten in das Gebäude ein und fordern den Verdächtigen auf, sich zu ergeben. Bei besonders gefährlichen Kriminellen bittet die Polizei ein Spezialeinsatzkommando (SEK) um Hilfe. Es handelt sich dabei um Fachleute, die für schwierige Aufgaben besonders ausgebildet sind. Sie tragen schusssichere Spezialkleidung sowie Helme und sind mit Maschinenpistolen bewaffnet. Um beispielsweise Geiseln zu befreien, setzen sie Blendgranaten ein, die bei der Explosion sehr hell aufleuchten und für einen Augenblick alle Menschen in einem Raum handlungsunfähig machen. Zeit genug, um Türen aufzubrechen und den Raum zu stürmen.

Vernehmung und Gegenüberstellungen

Sitzt der Verdächtige in Untersuchungshaft, wird er regelmäßig vernommen, um ein Geständnis von ihm zu erhalten. Ein Geständnis erleichtert die spätere Gerichtsverhandlung und die Verurteilung. Der Verdächtige hat jedoch das Recht, seine Aussage zu verweigern. Außerdem darf er einen Rechtsanwalt hinzuziehen. Moderne Vernehmungsräume haben an einer Wand einen Einwegspiegel. Die Vernehmung kann so von einem Nebenraum aus beobachtet werden, ohne dass der Verdächtige wiederum sieht, wer sich dort befindet. Die Vernehmung wird natürlich aufgezeichnet. Anschließend muss der Vernommene ein Protokoll seiner Aussagen unterschreiben. Eine weitere wichtige Ermittlungsmethode ist die Gegenüberstellung. Dazu nehmen ein oder mehrere Zeugen hinter einem Einwegspiegel Platz, sodass sie von der anderen Seite nicht gesehen werden können. In den Raum vor dem Spiegel werden jetzt mehrere Personen geführt, die ähnlich gekleidet sind und auch sonst Ähnlichkeiten aufweisen. Nur einer ist der Tatverdächtige, die anderen sind Statisten. Erkennen die Zeugen den Tatverdächtigen wieder, so ist dies für die Polizei ein wichtiges und belastendes Indiz. Sehr wahrscheinlich haben nämlich die Zeugen den Verdächtigen tatsächlich am Tatort gesehen. Irrtümer, das wissen die Ermittler, kommen immer wieder vor. Liegt ein Geständnis vor oder sind die Indizien erdrückend, kann Anklage erhoben werden. Der Tatverdächtige kommt vor Gericht. Wird dann im Laufe des Verfahrens festgestellt, dass er tatsächlich schuldig ist, fällt das Gericht ein Urteil. Bei kleineren Vergehen kann dies eine Bewährungsstrafe oder eine Geldstrafe sein, bei schweren Verbrechen wie Mord droht lebenslängliche Haft.

Untersuchungshaft

Besteht Fluchtgefahr oder der Verdacht, ein Verdächtiger könnte Spuren vernichten, ordnet ein Richter Untersuchungshaft an. Sie kann bis zu einem halben Jahr dauern und gibt den Ermittlern Zeit, Beweise zu sichern.

Wird ein Verdächtiger verhört, werden alle Aussagen in einem Protokoll festgehalten, das vom Verdächtigen unterzeichnet werden muss.

Angeberwissen

In den USA spielen Polizisten gelegentlich »Guter Bulle, böser Bulle«. Ein Polizist spielt einen harten, unfreundlichen Ermittler, der andere einen netten, freundlichen. Beide wechseln sich beim Verhör ab und versuchen so, schneller an Aussagen zu kommen. In Deutschland ist diese Vernehmungsmethode nicht erlaubt.

Für einen Profi ist es nicht schwer, eine verschlossene Autotür zu öffnen und die Sicherheitseinrichtungen zu überwinden. Der Diebstahl dauert nicht mal eine Minute.

Diebstahl und Einbruch

In Deutschland werden pro Jahr rund 6,4 Millionen Straftaten zur Anzeige gebracht. In Wirklichkeit sind es aber noch viel mehr, denn nicht jede Straftat wird auch angezeigt. Fachleute schätzen, dass in jedem Jahr allein in Deutschland rund 26 Millionen Ladendiebstähle begangen werden. Damit ist diese Straftat die mit Abstand häufigste. Rund ein Viertel der Ladendiebstähle wird von organisierten Banden begangen, die gezielt teure Waren wie Parfüm, Elektrogeräte oder Smartphones entwenden. Besonders oft greifen ganz gewöhnliche Kunden zu und verschwinden, ohne zu bezahlen. Für die Läden und Kaufhäuser bedeutet dies einen Schaden von rund vier Milliarden Euro pro Jahr. Die Zahl der Ladendiebstähle steigt zudem Jahr für Jahr an. Die Händler setzen Kameras und besondere Sicherheitsetiketten ein, die einen Alarm auslösen, sobald ein Dieb mit der Ware den Laden verlässt. Warenhausdetektive spielen heute keine große Rolle mehr, werden aber noch immer eingesetzt. Wird ein Dieb erwischt, so wird er in den meisten Fällen angezeigt und muss eine Strafe zahlen.

Ein schneller Griff

Noch schneller als Autodiebe sind Taschendiebe. Sie brauchen nur Sekunden, um ein Handy oder einen Geldbeutel zu stehlen. Oft wird der Diebstahl gar nicht bemerkt, weil das Opfer abgelenkt ist.

Autos: bei Dieben besonders beliebt

Autos sind teuer und lassen sich von Dieben gut verkaufen. Jedes Jahr werden in Deutschland rund 19 000 Autos gestohlen. Die meisten Fälle gehen auf das Konto von gut organisierten Banden, die die Autos schnell über die Grenze bringen und im Ausland verkaufen. Damit sich dieses kriminelle Geschäft lohnt, suchen sich die Diebe neue und teure Autos aus, für die sie viel Geld erhalten. Oft werden die Autos sogar von Kunden im Ausland »bestellt« und gezielt von den Dieben gestohlen. Professionelle Täter nutzen elektronische Tricks, um das Auto zu öffnen und zu starten. Oder sie brechen in das Haus des Besitzers ein und stehlen den Autoschlüssel. Bei Dieben beliebt sind auch Mietwagen, die unter falschem Namen gemietet und dann gestohlen werden. Sind die Fahrzeuge erst einmal im Ausland, vor allem in Osteuropa, so sind die Diebe kaum noch zu fassen. Dank umfassender Kontrollen an den Grenzen kann die Polizei jedoch viele gestohlene Autos sicherstellen. Mehr als 3 300 Autos können pro Jahr an die Besitzer zurückgegeben werden. Bei Fahrrädern sieht es dagegen viel schlechter aus. Rund 330 000 Diebstähle werden im Jahr gemeldet, doch nur ein kleiner Teil der Räder taucht wieder auf.

Bei Wohnungseinbrüchen entsteht nicht nur großer materieller Schaden. Die Opfer leiden oft lange unter der Angst vor weiteren Einbrüchen und empfinden ihre Wohnung nicht mehr als sicheren Ort.

In Wohnungen ist viel zu holen

Auch bei Wohnungseinbrüchen sind oft Profis am Werk, die schnell erkennen, ob eine Tür oder ein Fenster leicht aufzubrechen ist. Oft reicht ein großer Schraubenzieher, um ein Fenster aufzuhebeln. Die Diebe haben es meistens auf Bargeld und Schmuck abgesehen, also auf Diebesgut, das schnell zu finden und leicht zu transportieren ist. Meist sind die Diebe nur wenige Minuten in einer Wohnung. Manche Einbrecher gehen weniger gezielt vor. Sie halten sich länger in der fremden Wohnung auf und nehmen auch schwere oder sperrige Geräte wie Computer oder Fernseher mit. Zu diesem Einbrechertyp zählen vor allem Drogensüchtige, die das Diebesgut verkaufen, um Geld für ihren Drogenkonsum zu haben. Die Polizei spricht dann von Beschaffungskriminalität. Pro Jahr werden rund 151 000 Wohnungseinbrüche gemeldet. Für die Betroffenen ist ein Einbruch häufig nur schwer zu verkraften. Nicht allein wegen der gestohlenen Wertgegenstände, sondern weil sie erfahren haben, dass ihr Haus zu wenig Sicherheit bietet. Überfälle auf Banken sind sehr selten. Nur rund 130-mal im Jahr versuchen Räuber, an das Geld in einer Bank zu kommen. Häufiger sind Überfälle auf Tankstellen, die jährlich rund 570-mal betroffen sind.

Schon gewusst?

Über die Hälfte aller Wohnungseinbrüche findet tagsüber statt. Die Monate zwischen Oktober und Januar sind besonders betroffen. Polizeidienststellen geben allen Mietern und Hausbesitzern Tipps, wie man seine Wohnung einbruchsicher machen kann.

Schwere Verbrechen

Schwere Verbrechen wie Mord oder Entführung sind immer eine Herausforderung für die Ermittler. Zum einen müssen sie die Taten seelisch verarbeiten, zum anderen erwarten die Öffentlichkeit und die Staatsanwaltschaft schnelle Erfolge.

War es Mord oder Totschlag?

Schon am Tatort stellt sich den Ermittlern die Frage, ob es sich um Mord oder Totschlag handelt. Zwischen diesen beiden Tötungsdelikten macht das Gesetz einen Unterschied. Mord wird dabei härter bestraft als Totschlag. Zwar handelt der Täter in beiden Fallen vorsätzlich – er plant also, einen Menschen umzubringen oder nimmt dessen Tod zumindest in Kauf. Für Mord gibt es jedoch zusätzlich sogenannte Mordmerkmale, die erfüllt sein müssen. Sie beziehen sich teilweise auf das Motiv des Täters – hier sind niedrige, also besonders unmoralische Beweggründe entscheidend. Aber auch die Art, auf die die Tat begangen wird, spielt eine Rolle. Ein Mordmerkmal ist beispielsweise Habgier: Der Täter begeht die Tat dann aufgrund seines besonders hemmunglosen und rücksichtslosen Wunsches, sich zu bereichern. Andere Mordmerkmale sind erfüllt, wenn der Täter besonders grausam oder heimtückisch vorgeht. Damit ist gemeint, dass er seinem Opfer unnötige Schmerzen zufügt oder dessen Arglosigkeit und Wehrlosigkeit ausnutzt – das Opfer hat also mit keinem Angriff gerechnet und kann sich daher nicht verteidigen.

Eher selten in Deutschland ist ein Auftragsmord, für den ein Auftraggeber einen Profikiller anheuert. Vor allem im Umfeld der Organisierten Kriminalität, zu der auch die Mafia zählt, geschehen immer noch Auftragsmorde. Der Profikiller kommt meist aus dem Ausland und verlässt Deutschland nach dem Mord umgehend wieder. Für die Ermittler ist es sehr schwer, ihn zu fassen.

Um die genaue Lage eines Mordopfers am Tatort festzuhalten, wird eine sogenannte Kreideleiche gezeichnet. Auch nach Abtransport des Opfers können sich die Ermittler ein genaues Bild machen.

Bewaffneter Raubüberfall

Bei einem bewaffneten Raubüberfall bedroht der Täter das Opfer mit einer Waffe und fordert so seine Beute ein. Ein derartiger Überfall kann auch mit dem Tod des Opfers enden, wenn etwa der Täter die Nerven verliert.

Situationen wie diese sind besonders gefährlich, da es für die Polizei sehr schwer ist, den Täter einzuschätzen. Blufft er nur oder ist er zu allem bereit? In jedem Fall muss die Polizei sehr schnell zu einer Entscheidung kommen.

Rekord
30 Mio. DM
(rund 15 Millionen Euro) Lösegeld wurden 1996 für den entführten Firmenerben Jan Philipp Reemtsma gezahlt. Das ist die höchste Summe, die in Deutschland je bezahlt wurde.

Keine Polizei!

Habgier ist meist auch das Motiv für eine Entführung oder Geiselnahme. Ein Täter bringt einen oder mehrere Menschen in seine Gewalt, um Lösegeld zu erpressen. Nach der Entführung melden sich die Täter, verlangen für die Freilassung des Opfers ein Lösegeld und fordern, dass die Polizei nicht informiert wird. In den meisten Fällen sind aber die Betroffenen so klug, dennoch die Polizei zu benachrichtigen. Sie bildet in der Regel eine Sonderkommission und versucht, das Versteck der Entführer zu finden, um die Geisel zu befreien. Durch das Abhören von Telefonaten können etwa Handys geortet werden. Gelingt dies nicht, versucht die Polizei, die Täter bei der Übergabe des Lösegelds festzunehmen. Scheitert auch dieser Versuch, werden andere Spuren verfolgt. Das freigelassene Opfer kann viele Hinweise geben. In manchen Fällen wurde die Stimme des Täters in den Medien veröffentlicht, damit Nachbarn oder Bekannte sie wiedererkennen können. Schließlich bleibt noch das Lösegeld. Wurden die Nummern der Scheine notiert oder die Scheine mit besonderen Chemikalien markiert, kann man sie erkennen, wenn sie irgendwo ausgegeben oder getauscht werden. Mit etwas Glück gibt es Zeugen, die den Täter beschreiben können. Selbstverständlich werden auch DNA-Spuren ausgewertet. Entführer werden in Deutschland fast immer von der Polizei geschnappt.

Bei einer Entführung oder einem schweren Verbrechen will die Polizei verhindern, dass ein Täter in einem Fluchtfahrzeug entkommt. Als letztes Mittel errichtet sie eine Straßensperre, die der Täter nicht passieren oder durchbrechen kann.

Bekannte Mobster

Mitglieder des organisierten Verbrechens werden in den USA Mobster genannt. Einer der gefährlichsten war Ben »Bugsy« Siegel. Hier zusammen mit anderen Mobstern um 1935.

Organisierte Kriminalität

Schon gewusst?

Der berühmte Gangster Al Capone (1899–1947) wurde niemals wegen seiner Morde und anderer Verbrechen verurteilt, sondern wegen Steuerhinterziehung. Die konnte man ihm nämlich nachweisen.

Sobald mehrere Menschen über einen längeren Zeitraum zusammenarbeiten, um regelmäßig Straftaten zu begehen, spricht man von Organisierter Kriminalität. Wie in einer Firma werden die Aufgaben verteilt. Einige Mitglieder begehen Einbrüche, andere sind für den Verkauf der Beute zuständig und wieder andere kümmern sich um den Verbleib des Geldes.

Die Cosa Nostra

Zu Beginn des 19. Jahrhunderts beauftragten reiche Großgrundbesitzer aus Norditalien Verwalter, die sich um ihre Besitztümer auf Sizilien kümmern sollten. Diese Verwalter aber erwiesen sich als bestechlich und tätigten bald Geschäfte auf eigene Rechnung. Sie wurden immer mächtiger, ihre Machenschaften immer krimineller und schließlich zu einer Verbrecherorganisation, der Cosa Nostra. Sie wird auch Mafia genannt. Bis heute ist sie in sogenannten Familien organisiert, wobei es sich nicht unbedingt um tatsächliche, biologische Familien handelt. Die Familie ist vielmehr eine straff geführte Organisation, an deren Spitze ein Mafiaboss steht. Es gibt nicht nur eine, sondern mehrere Familien, die lose zusammenarbeiten, sich manchmal aber auch bekämpfen. Die Cosa Nostra, auf Deutsch »Unsere Sache«, wurde zum Vorbild ähnlicher Organisationen in Italien und später der ganzen Welt. Vor allem in den USA ist die Mafia sehr einflussreich. Ihre Bosse sind oft weltbekannt. Die Namen von längst verstorbenen Mafiabossen wie Al Capone oder Lucky Luciano kennt heute noch jeder.

Die »Geschäfte« der Mafia

Das bekannteste und immer noch wichtigste »Geschäft« der Mafia ist die Schutzgelderpressung. Das Schutzgeld ist eine Art Steuer, die die Mafia von Restaurants und anderen Betrieben verlangt. Dafür gewährt sie ihnen Schutz. Wer nicht zahlt, riskiert Überfälle auf seinen Betrieb und sogar sein Leben. Ein weiterer »Geschäftszweig« ist der Drogenhandel, der von der Mafia weltweit betrieben wird. Vor allem Heroin wird von Drogenkurieren in viele Länder geschmuggelt. Hinzu kommt der Waffenhandel, der zahlreiche Kriminelle und Terroristen mit Gewehren und Handgranaten versorgt. Weitere »Geschäftsbereiche« sind Kreditkartenbetrug, Handel mit nachgemachten Markenartikeln (Produktpiraterie), verbotene Entsorgung von Sondermüll oder die Manipulation von Sportwetten. Dabei werden Sportler oder Schiedsrichter bestochen, um ein gewünschtes Spielergebnis herbeizuführen. Auf diesen Ausgang werden zuvor hohe Wetten abgeschlossen.

Wohin wandern die Gewinne?

Sogar im internationalen Kunsthandel ist die Mafia aktiv. Sie handelt mit gefälschten Bildern oder lässt Kunstwerke aus Museen stehlen, um sie zu verkaufen. Es gibt kaum einen Bereich der Kriminalität, in den die Mafia nicht verstrickt ist. Doch was geschieht mit den Millionengewinnen, deren Höhe nicht einmal geschätzt werden kann? Das eingenommene Geld fließt in den Lebensunterhalt der Mafiamitglieder, die wahre Reichtümer anhäufen. Aber gerade dieser Reichtum könnte auf die Spur der Mafia führen. Also leiten sie möglichst viel Geld aus den kriminellen Geschäften in legale Geschäfte um. Die Mafia investiert in Banken, Ölfirmen, Kaufhausketten, Reedereien und andere Unternehmen, um ihr Geld zu »waschen«. Nach dieser sogenannten Geldwäsche werden die Gewinne offiziell bei den Behörden angegeben. Das »schmutzige« Geld aus den Verbrechen ist nun ganz normales, »sauberes« Geld aus Unternehmensgewinnen geworden. Selbstverständlich ist die Geldwäsche verboten. In anderen Ländern gibt es ähnliche kriminelle Organisationen, in Japan etwa die Yakuza, in Südamerika das Kali- und das Medellín-Kartell, in den USA die Cosa Nostra. Dazu kommen organisierte Banden aus Ost- und Südeuropa, die für viele Verbrechen auch in Deutschland verantwortlich sind. Die Polizei hat es nicht leicht, gegen diese Organisationen vorzugehen.

Oft sind Restaurants Schauplätze von Mafia-Aktivitäten.

Geldwäsche

Um Geld aus dem Drogenhandel oder anderen kriminellen Geschäften zu normalem, »sauberem« Geld zu machen, wird es in legale Geschäfte investiert. Das nennt man Geldwäsche.

Diese Uhren sehen aus wie teure Markenuhren, sind jedoch nur billige Fälschungen, mit denen sich sehr viel Geld verdienen lässt.

Alles gefälscht!

Nicht jedes Verbrechen ist eine Gewalttat. Auch im Bereich der Wirtschaft, des Geldwesens und des Handels gibt es Kriminalität. Hier arbeiten die Täter nicht mit roher Gewalt, sondern nutzen ihre Sachkenntnis. So werden Büros, Firmen und Fabriken zu Tatorten.

Produktfälschung

Bei der Gepäckkontrolle am Flughafen wird der Zollbeamte auf die schicke, neue Handtasche einer Frau aufmerksam. Die Tasche ähnelt sehr stark einem teuren französischen Markenprodukt. Bei der genaueren Untersuchung stellt sie sich jedoch als Fälschung heraus. Die Ermittler sprechen in solchen Fällen von Produktpiraterie. Die Fälschung sieht dem Original zum Verwechseln ähnlich, kostet aber nur einen Bruchteil. Hergestellt werden Produktfälschungen vor allem in Asien. Von dort gelangen sie in alle Welt. Immer wieder werden Containerladungen voller gefälschter Markenartikel vom Zoll entdeckt und beschlagnahmt. Denn die Originale und deren Design sind rechtlich geschützt, Produktpiraterie ist verboten. Die Fälschungen werden von den Behörden vernichtet. Besonders häufig werden teure Markenprodukte wie Lederwaren, Bekleidung, Uhren, Parfüms oder elektronische Geräte gefälscht. Der Schaden ist sehr groß, denn die Einnahmen gehen den Herstellern der Originale verloren. Daher kontrollieren Zoll und Polizei nicht nur Flugreisende, sondern auch verdächtige Lastwagen auf Autobahnen oder Schiffe.

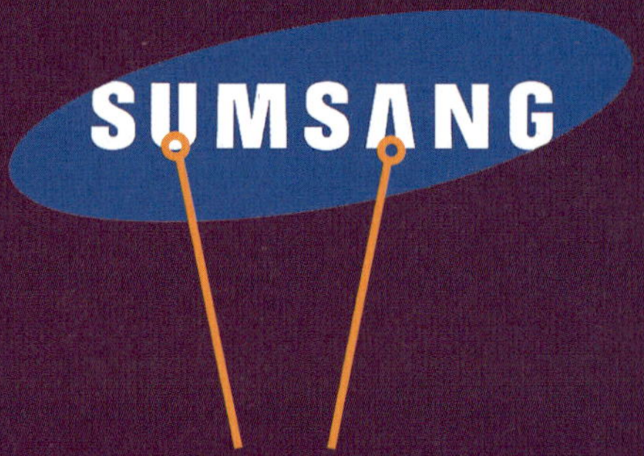

Die Täuschung

Ein Trick der Fälscher, um schwerer belangt werden zu können, besteht darin, das Firmenlogo eines Produktes unauffällig zu verändern. Nicht immer bemerken Käufer diesen Schwindel.

Jährlich werden vom Zoll Millionen gefälschter Produkte beschlagnahmt und vernichtet. Bei den Kunden, die oft wissen, dass es sich um Fälschungen handelt, sind vor allem Modeartikel beliebt.

Gefälschte Produkte sind gefährlich

Nicht immer sind Fälschungen harmlos. Die Stoffe, aus denen die gefälschte Kleidung genäht ist, enthalten oft Giftstoffe und sind gesundheitsschädlich. Es werden auch Medikamente gefälscht. Ihre Verpackung sieht den echten Präparaten täuschend ähnlich. Über Zwischenhändler in der ganzen Welt können diese Fälschungen auch in unsere Apotheken gelangen. Nicht immer enthalten sie die angegebenen Wirkstoffe. Besonders bei schweren Erkrankungen können gefälschte Medikamente für den Patienten tödliche Folgen haben. Ganz ähnlich sieht es bei Ersatzteilen für Autos oder Flugzeuge aus. Auch hier gibt es einen riesigen Markt für falsche Teile, die natürlich spottbillig sind. Aber sie sind in der Regel von schlechter Qualität. Sie halten nicht so lange wie die Originalteile und sind nicht so belastbar. Unfälle sind die Folge. Es ist nicht leicht, den Produktfälschern auf die Spur zu kommen.

Täuschend echt: gefälschte Kunstwerke

Kunstwerke berühmter Maler und Bildhauer sind heute nicht nur bei Sammlern begehrt, sondern auch bei Geldanlegern. Bilder, die noch vor dreißig oder vierzig Jahren für ein paar Tausend Euro zu haben waren, können heute Millionen wert sein. Ein lukratives Geschäft für Kunstfälscher! Einer von ihnen ist der deutsche Maler Wolfgang Beltracchi. Viele Jahre lang hat er Bilder berühmter Künstler wie Henri Matisse, Max Ernst oder Max Pechstein so perfekt gefälscht, dass keiner Verdacht geschöpft hat. Um die Bilder verkaufen zu können, hat seine Frau behauptet, sie stammten aus der Sammlung ihres Großvaters. Galeristen und Auktionshäuser in der ganzen Welt glaubten ihr und verkauften jahrelang die gefälschten Bilder. Mit den Fälschungen hat das Ehepaar viele Millionen Euro verdient. Doch der Betrug flog schließlich auf. 2010 wurde Wolfgang Beltracchi verhaftet und zu sechs Jahren Haft verurteilt. Wie viele Fälschungen insgesamt auf dem Kunstmarkt gehandelt werden oder in Sammlungen und Museen hängen, weiß niemand. Für die Experten ist es schwer, dies festzustellen, denn dazu sind aufwendige und teure Laboruntersuchungen erforderlich.

Schon gewusst?

Edgar Mrugalla (1938–2016) wurde der »König der Kunstfälscher« genannt. Er fälschte alle berühmten Maler: von Rembrandt bis Picasso. Auch nach einer Bewährungsstrafe wegen Betrugs kopierte er weiter Kunstwerke. Die Fälschungen versah er mit dem Hinweis »Fälscherwerkstatt Mrugalla«.

Wolfgang Beltracchi

Er ist einer der bekanntesten Kunstfälscher und wurde zu sechs Jahren Haft verurteilt. Heute arbeitet Wolfgang Beltracchi als normaler Künstler und malt eigene Werke.

Außergewöhnliche Verstecke

Schmuggel ist nach wie vor ein großes Geschäft für Kriminelle. Immer wieder stoßen Zoll und Polizei auf außergewöhnliche Verstecke für das Schmuggelgut. Oft geht es um Geld, Drogen, Medikamente oder Zigaretten. Die Schmuggler sind bei der Wahl ihrer Verstecke sehr kreativ. Kein Wunder, denn viele Arten von Verstecken sind dem Zoll und der Polizei längst bekannt. Also werden Verstecke gesucht, die zunächst ungeeignet erscheinen.

Süßigkeiten

Ein kleines Mitbringsel für die Kinder. Was ist daran schon verdächtig? Sehr viel, wenn der Überbringer zu den Verdächtigen zählt. Also haben die Ermittler genauer nachgesehen und wurden fündig.

Der Klassiker

Der Hohlraum in einer Autotür ist natürlich ein Klassiker. Aber das heißt noch lange nicht, dass er aus der Mode gekommen ist! Wird die Tür wieder gut verkleidet, ist das Versteck schwer zu finden. Ein geübter Drogenhund lässt sich allerdings nicht so leicht täuschen wie ein Mensch. Er findet die Drogen auf Anhieb.

Brot als Versteck

Selbst in einem Baguette kann man Zigaretten verstecken, wenn man es richtig aushöhlt. Bei der Übergabe wechselt nur ein Brot den Besitzer. Es sei denn, die Ermittler haben einen guten Riecher.

Das Ersatzrad

Auch das Ersatzrad zählt zu den klassischen Verstecken. Der Reifen wird von der Felge gelöst, mit dem Schmuggelgut gefüllt und dann wieder auf die Felge aufgezogen. Doch auch Geldscheine haben einen Geruch. Zumindest für geschulte Polizeihunde, die immer wieder Geldverstecke entdecken. Sie werden vor allem bei Fahrzeugkontrollen und an Flughäfen eingesetzt. Selbst von Duftstoffen wie Parfüm lassen sich die Hunde nicht so leicht ablenken. Ersatzreifen werden bei vielen Kontrollen genau untersucht.

1

2

Die Gelddose

Schwarzgeld wird gerne in Dosen aller Art versteckt. Hier sind es eine Kakaodose **(1)** *und eine Keksschachtel* **(2)**. *Die Dosen werden wiederum in einem gewöhnlichen Einkauf versteckt und fallen daher in keiner Weise auf.*

Das Schuhversteck

Es ist nicht nur Spionen bekannt, sondern auch Schmugglern. In diesem Fall wurde die Sohle des Schuhs der Länge nach aufgeschnitten. Dann wurden Drogen in den Hohlraum gelegt und die Sohle wurde wieder zusammengeklebt. Von außen ist nichts zu sehen. Der Besitzer scheint auf ganz normalen Sandalen zu gehen. Erst Polizeihunde haben dieses Versteck erschnüffelt. Sehr oft gelingt aber der Trick mit dem Schuhversteck. Es ist allerdings nur für sehr kleine Mengen geeignet. Große Mengen Drogen werden dagegen in Möbeln, Autos oder Schiffscontainern geschmuggelt. In Süd- und Mittelamerika werden sogar eigens gebaute Unterseeboote zum Drogenschmuggel eingesetzt.

Tatort Internet: Cyberkriminalität

Seit 1991 steht mithilfe des World Wide Web (WWW) das Internet immer mehr Menschen zur Verfügung. Das gilt nicht nur für ehrliche Bürger, sondern auch für Kriminelle, die schnell erkannt haben, dass sich das Internet für ihre Zwecke nutzen lässt. Im Unterschied zu vielen anderen Straftaten können Kriminelle irgendwo auf der Welt sitzen und von dort aus aktiv werden. Sie müssen also nicht, wie etwa ein Einbrecher, persönlich vor einer Wohnung erscheinen. Sie brechen zwar auch ein, jedoch nicht mit dem Brecheisen, sondern mithilfe von E-Mails, Software und Schadprogrammen. Längst sind nicht mehr nur Computer betroffen, sondern auch Smartphones. Pro Jahr werden in Deutschland rund 82 000 Straftaten dieser Art bei der Polizei angezeigt. Der verursachte Schaden wird auf über 50 Millionen Euro geschätzt. Die Dunkelziffer ist hoch, da bei Weitem nicht jede Straftat zur Anzeige gebracht wird. Cyberkriminelle erfinden regelmäßig neue Tricks. Sie suchen nach Sicherheitslücken in Computern und entwickeln Schadprogramme, die diese Lücken nutzen. So können sie etwa fremde Computer übernehmen und die Besitzer erpressen. Oder sie stehlen einfach Passwörter und tätigen Onlinegeschäfte auf Kosten ihrer Opfer. Sie kaufen Waren, lassen jedoch die Opfer bezahlen. Dieses Vorgehen erschwert die Arbeit der Ermittler. In Deutschland befasst sich das Bundesamt für Sicherheit in der Informationstechnik (BSI) mit diesem Problem.

Handy in Gefahr!

Auch das Handy kann von Viren befallen werden. Bei Ping Calls klingelt es nur einmal. Ruft man die unbekannte Nummer zurück, fallen hohe Kosten an.

Hacker zu sein, war früher ein verbotenes Abenteuer. Inzwischen ist es längst ein Beruf. Viele Hacker arbeiten für große Firmen oder im Auftrag eines Staates.

Eine Schadsoftware hat einen Computer befallen. Sie behauptet, die Bundespolizei habe illegale Aktivitäten auf dem Computer festgestellt und diesen gesperrt.

Daten sind wertvoll

Im Kern geht es bei der Cyberkriminalität immer um Daten. Wie aber gelangen Kriminelle an diese Daten? Zum Beispiel indem sie einfach E-Mails versenden, die angeblich von der Bank des Adressaten stammen. Dazu werden Logos und Absender gefälscht, um den Empfänger zu täuschen. In der Mail werden technische Probleme bei der Bank vorgetäuscht, um an die erforderlichen Angaben für das Onlinebanking zu gelangen. Fällt der Empfänger auf diesen Trick herein und beantwortet die gefälschte Mail, dann können die Kriminellen mühelos sein Konto plündern. Sie überweisen einfach online Geld auf ein fremdes Konto und verwischen die Spuren. Diesen Trick nennt man Phishing (Angeln). Phishing-Mails können auch Internetversandhäuser und anderen Firmen als vermeintliche Absender haben. Vor diesen Angriffen kann man sich gut schützen, wenn man seine Zugangsdaten nicht per Mail verschickt. Ein Anruf bei der Bank sorgt darüber hinaus schnell für Klarheit. Mithilfe gestohlener Daten arbeitet auch der Identitätsdiebstahl. In diesem Fall geben Kriminelle vor, jemand anderes zu sein, und bestellen Waren im Internet. Die Rechnung landet dann jedoch bei einem Opfer, dem sie die Identität gestohlen haben.

Wo bleibt die Ware?

Nicht alle Onlinehändler sind ehrlich. Es gibt auch Händler, die zwar Waren im Internet anbieten und verkaufen, diese aber nicht verschicken, sondern nur das Geld kassieren. Denn in der Regel werden Waren ja im Voraus bezahlt: per Kreditkarte oder mit einem Bezahlservice. Manche Betrüger verschicken auch Waren minderer Qualität. In jedem Fall wird das Opfer betrogen. Schließlich gibt es Erpresser, die mithilfe einer Schadsoftware, Ransomware genannt, die Daten auf den Computern ihrer Opfer verschlüsseln und anschließend Lösegeld verlangen. Wer dieses Lösegeld zahlt, erhält angeblich seine Daten zurück. Aber eine Garantie gibt es nicht. Besser ist es, seine gesamten Daten zusätzlich auf einer externen Festplatte zu speichern. Dank dieser Sicherheitskopie kann man im Fall einer Cybererpressung seine Daten schnell und einfach wiederherstellen. Die Liste weiterer Cyberangriffe ist lang und wird täglich länger. Am besten schützt man sich durch ein gutes Virenschutzprogramm und noch mehr Vorsicht im Umgang mit seinen Daten. Die Aufklärungsquote der Polizei liegt inzwischen bei über 38 Prozent.

Schon gewusst?

Das erste Trojaner genannte Schad- und Spionageprogramm wurde bereits 1975 in den USA erfunden und nach dem Trojanischen Pferd benannt, mit dem die Stadt Troja erobert wurde.

Ein Trojaner ist eine Schadsoftware, die sich unbemerkt auf einem Computer installiert. Oft tarnt sich eine Schadsoftware auch als nützliche Software, spioniert aber heimlich.

Die Digitalisierung betrifft natürlich auch die Polizeiarbeit. Ohne Datenerhebung, Datenaustausch und Datenanalyse geht es längst nicht mehr. Auch Polizeieinsätze werden am Computer koordiniert.

Selbstverständlich nutzt die Polizei modernste Technik. Dazu gehört etwa eine ganz neue Methode. Sie wird Predictive Policing genannt, was »Prognostizierende Polizeiarbeit« bedeutet. Die Polizei arbeitet dabei mit Vorhersagen, die ein Computerprogramm erstellt. Dafür werden viele Daten benötigt. Geht es etwa um Einbrüche, werden in das Programm die genauen Angaben der zurückliegenden Einbrüche einer Stadt eingegeben. Hinzu kommen weitere Details wie die Art der betroffenen Häuser und Wohnungen, die Vorgehensweise der Einbrecher, die Wohngegend, die Zufahrtsstraßen, die Nähe der Autobahnzufahrten, die von den bisherigen Tätern bevorzugten Uhrzeiten und andere Angaben. Das Programm berechnet dann die Wahrscheinlichkeit eines Einbruchs an einem bestimmt Ort zu einer bestimmten Zeit. Die Polizei weiß nun, wann und wo sie mit ihren Fahrzeugen verstärkt patrouillieren muss, um Diebe oder Einbrecher zu erwischen. Predictive Policing wird schon in einigen deutschen Städten erfolgreich eingesetzt. Viele Einbrecher konnten auf frischer Tat festgenommen oder auf der Flucht gestellt werden.

Wer läuft da?

Inzwischen werden in Städten viele Straßen und Plätze mit Videokameras überwacht. Das gilt auch für Bahnhöfe, U-Bahn-Stationen und andere gefährdete Orte. Sollten sich hier Verbrechen ereignen, können die Täter anhand der Videoaufzeichnungen leichter ermittelt werden. Das ist jedoch erst der Einstieg in eine noch viel modernere Überwachung. Mithilfe neuester, lernfähiger Computerprogramme lassen sich anhand von Gesichtern und Körperbewegungen Menschen zuordnen. Wie Finger-

Angeberwissen

- Sogar anhand des Tippverhaltens an der Tastatur des Computers lässt sich ein Mensch identifizieren. Wird ein Verdächtiger abgehört oder beobachtet, reichen ein paar Eingaben aus, um zu wissen, wer er ist.
- Neben anderen Merkmalen ist auch die Stimme ein unverwechselbares Kennzeichen eines Menschen. Moderne Software kann eine bereits gespeicherte Stimme schnell und sicher erkennen.

abdrücke oder Augenfarben zählt auch das Gesicht zu den biometrischen Merkmalen eines Menschen. Statt den Namen eines Gesuchten mühsam ermitteln zu müssen, kann die Gesichtserkennung des Computers die Identität eines Menschen sofort feststellen. Das Programm kann sogar das Internet nutzen und dort nach dem aufgenommenen Gesicht suchen. Mithilfe dieser Methode will die Polizei in Zukunft sehr schnell einen Straftäter festnehmen und überführen können. Allerdings ist diese Methode auch umstritten, da sich so jeder Mensch überwachen lässt – und nicht nur Kriminelle.

Sprengstoff oder Rauschgift dabei?

Die Polizei setzt bei Kontrollen besonders ausgebildete Hunde ein, die Sprengstoff oder Drogen erschnüffeln können. Selbst die raffiniertesten Verstecke, etwa in den Verkleidungen von Autos, finden sie. Aber sie sind nicht überall einsetzbar und es gibt nur wenige von ihnen. Aus diesem Grund werden verschiedene Scanner entwickelt und getestet. Mit einem Körperscanner lässt sich bei Kontrollen schnell feststellen, ob jemand Waffen oder andere verbotene Dinge am Körper trägt. Mit einem Geruchsscanner lassen sich schon auf große Entfernung Drogen und Sprengstoffe erkennen. Ist der Geruch eines Menschen bekannt, kann er wie ein Fingerabdruck genutzt werden: Moderne Geruchsscanner können einen Menschen identifizieren. Zusammen mit der Gesichtserkennung lässt sich innerhalb weniger Sekunden feststellen, wer der Gesuchte ist. Allerdings nur, wenn seine Daten bereits in Datenbanken gespeichert sind. Daher arbeiten Behörden weltweit daran, möglichst viele Daten über die Bürger zu sammeln. Das wiederum kritisieren die Datenschützer, da die Betroffenen nicht immer wissen, welche ihrer Daten an welchem Ort gespeichert sind. Außerdem kann es zum Missbrauch dieser Daten für andere Zwecke kommen. So könnten Geheimdienste und Diktaturen sie nutzen.

Spürnasen

Polizeihunde und Spürhunde sind unersetzlich. Ohne ihre empfindlichen Nasen würden Zoll und Polizei viele Drogen oder illegal ins Land gebrachte Waren gar nicht finden. Auch bei der Suche nach vermissten Personen werden die Hunde eingesetzt.

Gepäckkontrolle

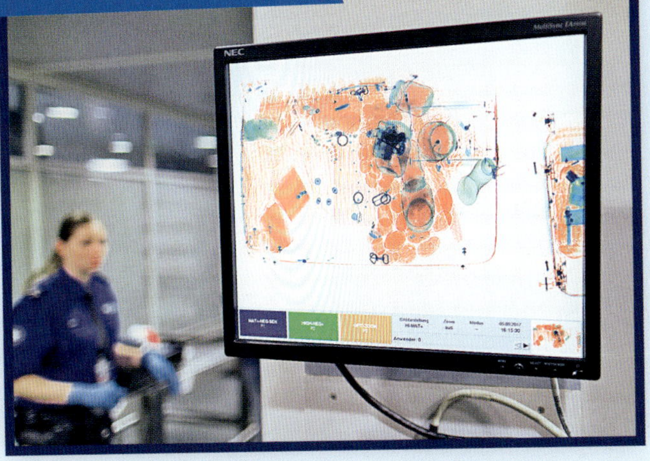

In Flughäfen oder in Sicherheitszonen werden Taschen und Gepäckstücke mit einem Röntgengerät durchleuchtet. Bei einem Verdacht wird das Gepäckstück durchsucht.

Körperscanner

Im Flughafen werden auch die Passagiere selbst kontrolliert. Dies geschieht mit Metalldetektoren und Körperscannern, die Waffen oder Sprengstoff sichtbar machen.

Ein Blick in die Zukunft

Ein Rechtsmediziner untersucht ein Mordopfer im Cyberspace. Er kann so Schlüsse ziehen, die bei einer Obduktion nicht möglich wären.

Die Kriminellen werden immer raffinierter. Sie suchen nach immer neuen Wegen, um Straftaten zu begehen – und ungeschoren davonzukommen. Aber die Ermittler bleiben ihnen mit neuen Methoden auch in der Zukunft auf den Fersen.

Das DNA-Phantombild

Bislang wird der genetische Fingerabdruck benutzt, um die Identität eines möglichen Täters festzustellen. Da das Erbgut des Menschen jedoch viel mehr Informationen enthält, könnten in Zukunft auch diese genutzt werden. Ein Blutspritzer, ein Haar, ein wenig Speichel reichen aus, um das Gesicht eines Menschen auf einem Monitor erstellen zu können. Diese Methode wird derzeit in vielen Ländern entwickelt. Mit ihrer Hilfe soll es möglich sein, einem Unbekannten schnell ein Gesicht zu geben. Natürlich entspricht dieses DNA-Phantombild nicht haargenau dem Aussehen eines Menschen, kommt ihm aber sehr nahe. Für die Fahndung nach einem Täter reicht es jedenfalls aus. Das am Computer erstellte Bild kann auch an die Videoüberwachung einer Stadt weitergeleitet werden. Dank deren Gesichtserkennung kann der Gesuchte aufgespürt werden, sobald er an einem überwachten Ort auftaucht. Aus der Luft können Drohnen nach ihm suchen. Diese kleinen Fluggeräte können sogar nachts mit Wärmebildkameras auf die Suche gehen und Flüchtige selbst in Wäldern und Straßenschluchten verfolgen.

DNA-Phantombild

In Zukunft wird man Phantombilder auch anhand von DNA-Spuren erstellen können. Irrtümer durch Zeugen sollen so vermieden werden.

Der virtuelle Tatort

Drohnen kommen auch bei einem anderen Verfahren zum Einsatz, das in Deutschland entwickelt wird: Aus 3-D-Aufnahmen von einem Tatort oder Unfallschauplatz wird ein dreidimensionales, virtuelles Abbild erzeugt. In Räumen übernehmen Kameras die Aufgabe, die benötigten Fotos zu liefern. Diesen virtuellen Tatort aus dem Computer kann man mithilfe von besonderen Brillen betreten und untersuchen. So kann man sich die Fahrt zum echten Tatort sparen und läuft nicht Gefahr, dort Spuren zu vernichten. Von wo könnten die Schüsse abgefeuert worden sein? Wie hat sich der Unfall oder der Mord abgespielt? Hat die Zeit ausgereicht, um vom Fenster zur Tür zu gelangen? Zahlreiche Fragen wie diese lassen sich in dem virtuellen Tatort klären. Außerdem kann er in einen Gerichtssaal projiziert werden. So kann er bei einer Gerichtsverhandlung helfen, eine Tat nachzustellen. Ein weiteres Hilfsmittel ist ein handlicher Laserscanner, mit dem sich die Bruchstücke von Gegenständen virtuell wieder zusammenfügen lassen. Ein Computerprogramm kann nun berechnen, mit welcher Bewegung die Bruchstücke entstanden sind. So lässt sich beispielsweise nachvollziehen, wo der Täter gestanden hat und wie er den Gegenstand gehalten hat.

Beweise aus dem 3-D-Drucker

Mit modernen Scannern und radiologischen Methoden lassen sich Knochenbrüche oder Schädelverletzungen sichtbar machen. Früher gab es nur das Röntgengerät. Heute gibt es Computertomografen, die selbst feinste Verletzungen aufzeigen. Die Bilder der medizinischen Geräte kann man einsetzen, um etwa Knochen von einem 3-D-Drucker nachbilden zu lassen. Ein solcher Drucker stellt aus Kunststoffen dreidimensionale Modelle her, beispielsweise die Nachbildung eines Schädels. Mit ihm sind nun Versuche möglich, die mit dem echten Schädel gar nicht durchgeführt werden könnten. Wie genau hat die Vase den Schädel getroffen? Warum befindet sich der Bruch an dieser und nicht an einer anderen Stelle? Könnte der Tote mit diesem Stein erschlagen worden sein? Auch eine Mordwaffe lässt sich mit einem 3-D-Drucker nachbauen, sodass die Ermittler den Tathergang genauestens nachstellen können. Die 3-D-Drucke können auch bei Gericht als Beweismittel dienen. In Zukunft werden also viele technische Möglichkeiten des digitalen Zeitalters genutzt werden, die bislang nicht zur Verfügung standen. Eine Straftat lässt sich immer besser nachweisen.

Ferngesteuerte Drohnen können Menschen oder Autos viel besser, unauffälliger und risikoloser verfolgen als Ermittler oder Hubschrauber.

Schon gewusst?

In naher Zukunft könnten sogar Roboter bei der Ermittlungsarbeit der Kriminalpolizei helfen. Mit ihren Sensoren und mit Künstlicher Intelligenz können sie Spuren wahrnehmen, die ein Mensch nicht erkennen kann.

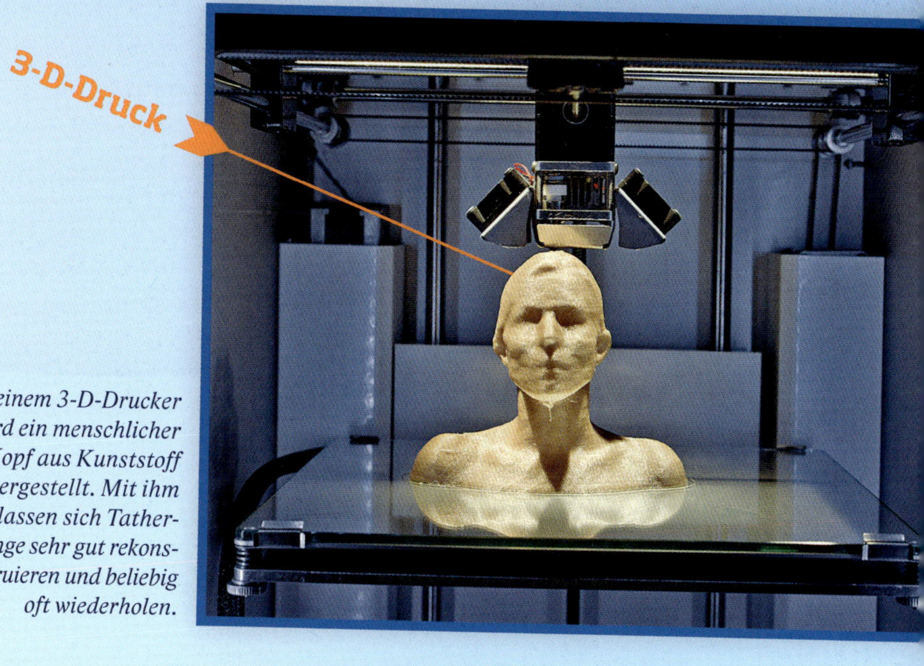

In einem 3-D-Drucker wird ein menschlicher Kopf aus Kunststoff hergestellt. Mit ihm lassen sich Tathergänge sehr gut rekonstruieren und beliebig oft wiederholen.

Glossar

Mithilfe von Künstlicher Intelligenz können Computer in kurzer Zeit aus unzähligen Fotos gesuchte Personen herausfinden.

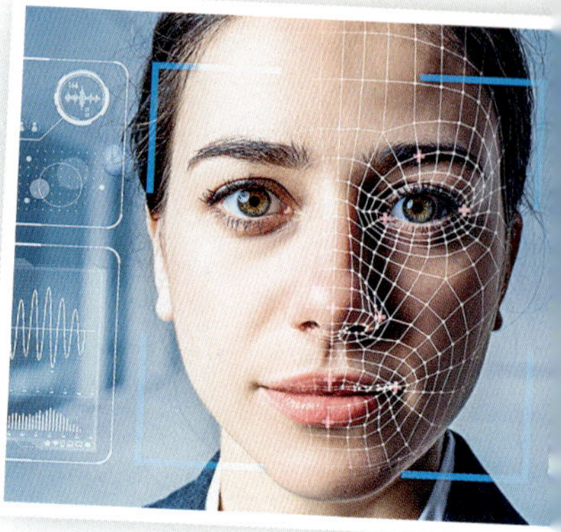

Asservat: Gegenstand, der bei polizeilichen Ermittlungen oder bei Gerichtsverhandlungen eine Rolle spielt. Meist handelt es sich um Beweismittel, die in einer Asservatenkammer aufgehoben werden.

Ballistik: Wissenschaft von den geworfenen Körpern. Ein Teilgebiet befasst sich mit der Flugbahn von Geschossen und den Waffen, aus denen sie abgefeuert wurden. Ein Ballistiker kann also feststellen, welches Projektil aus welcher Waffe stammt.

Cold Case: Ein Cold Case ist ein ungelöster Fall, der mindestens ein Jahr alt ist. Handelt es sich um eine schwere Straftat wie Mord, können die Ermittlungen auch nach vielen Jahren wiederaufgenommen und fortgesetzt werden.

Cosa Nostra: Die Cosa Nostra, auf Deutsch »Unsere Sache«, ist der Name einer im 19. Jahrhundert auf Sizilien entstandenen Mafiaorganisation, die auch heute noch aktiv ist.

Daktyloskopie: Der Forschungsbereich der Daktyloskopie befasst sich mit den Papillarleisten, den Linien auf Fingern, Händen und Füßen. Die Kenntnisse werden genutzt, um Fingerabdrücke als Beweise einzusetzen.

Erster Angriff: Die Polizisten, die zuerst am Tatort eintreffen, sichern die Spuren und bereiten das Eintreffen der Ermittler und der Spurensicherung vor.

FBI: Abkürzung für Federal Bureau of Investigation, auf Deutsch »Bundesamt für Ermittlungen«. Das FBI ist eine Bundespolizei, die in den gesamten USA gegen Kriminelle und Spione ermittelt.

Genetischer Fingerabdruck: Bei einem genetischen Fingerabdruck geht es um DNA-Spuren. Da jeder Mensch ein unverwechselbares Erbgut besitzt, reichen winzige Spuren wie Haare oder Hautschuppen aus, um einen Menschen zu identifizieren.

Kreideleiche: Eine mit Kreide gezeichnete Linie rund um eine Leiche. Die Lage der Leiche ist so auch nach deren Abtransport sichtbar.

Obduktion: Untersuchung der Leiche in der Rechtsmedizin.

Phantombild: Bild von einem Täter, das ein Ermittler mithilfe eines Zeichners oder Computers aufgrund von Zeugenaussagen erstellt.

Phishing: Form des Internetbetrugs. Über eine gefälschte Webseite versuchen Kriminelle an wichtige Daten und Passwörter eines Nutzers zu kommen. In Phishing-Mails mit gefälschten Absendern werden User aufgefordert, Daten anzugeben.

Produktpiraterie: Produktpiraten überfallen keine Schiffe, sondern fälschen Markenartikel, die sie zu niedrigen Preisen verkaufen. So schaden sie den Herstellern der echten Artikel, die viel Geld in die Entwicklung investiert haben.

Scotland Yard: Eigentlich ist Scotland Yard der Name eines Gebäudes in London. Dieses Gebäude ist Sitz des Metropolitan Police Service (MPS), der Londoner Polizeibehörde. Wer Scotland Yard sagt, meint damit diese Polizeibehörde.

SEK: Abkürzung für Spezialeinsatzkommando. Es wird von Ermittlern angefordert, um Geisel zu befreien oder gefährliche Kriminelle zu verhaften. Die Mitglieder eines SEKs sind für diese Einsätze besonders ausgebildet und ausgerüstet.

Täterprofil: Eine Art Persönlichkeitsbild eines Täters. In dieses Bild fließen dessen Gewohnheiten, Straftaten, Vorgehensweisen, Lebensumstände, Freundschaften und viele andere Faktoren ein. Auf diese Weise kann man einem Täter bestimmte Taten zuordnen oder mögliche Taten vorhersagen.

U-Haft: Abkürzung für Untersuchungshaft. Sie wird von einem Richter angeordnet, wenn die Polizei befürchtet, ein Verdächtiger könnte mögliche Spuren beseitigen oder fliehen.

WAS IST WAS Band 98

Bildquellennachweis: **Bundespolizei:** 27or (Michael Wurzbach); **Fotolia LLC:** 30u (ekostsov); **Getty:** 14-15o (Johannes Simon), 37or (Alfonso Di Vincenzo/KONTROLAB/LightRocket), 44o (Martin Rose/Staff); **Klink, Thomas:** 46o; **mauritius images:** 26o (André Pöhlmann); **Peschel, Oliver:** 20mr; **picture alliance:** 2ur (dpa/Fredrik von Erichsen), 5um (akg-images), 6ul (Mary Evans Picture Library), 7um (Peter Kneffel/dpa), 8ur (Mary Evans Picture Library), 10o (Christie: empics/PA Wire URN: 23968637), 10o (Kästner: Bayerischer Rundfunk), 10o (Lindgren: Sven Simon), 11o (Blyton: Blyton Company Ltd./dpa-Bildarchiv), 11o (Hitchcock: Courtesy Everett Collection), 11o (Blanck: Frank May/dpa-Report), 11ur (Mary Evans Picture Library), 12ol (dpa/Chris Pohlert), 12mr (dpa/Miriam Schmidt), 12ur, 13ol (dpa-Fotoreport/AFP FBI), 13or (dpa/ZB/MDR), 13um (dpa/Jochen Lübke), 13ur (dpa - Report), 14ul (dpa/Daniel Bockwoldt), 16or (Polizeidirektion Hannover/dpa), 18o (dpa-Zentralbild/Hendrik Schmidt), 19or (ZB - Fotoreport/Hubert Link), 19um (AP Images/JOHN-NOEL VIGNAL AND ISABELLE HUYNH-CHARLIER), 19ur (dpa/Fredrik von Erichsen), 21or (Samadelli Marco/EURAC), 21ul (dpa/Christian Charisius), 21ur (dpa/Christian Charisius), 22ol (dpa/Nico Pointner), 24or (Christoph Hardt/Geisler-Fotopress), 24Hg. (dpa/Benjamin Nolte), 25or (akg-images), 25ul (dpa/Ole Spata), 25ur (dpa/Marijan Murat), 26ur (APA/picturedesk.com/Robert Newald), 27ol (dpa/Holger Hollemann), 28o (Carmen Jaspersen/dpa), 28mr (Rolf Kremming/dpa), 29or (Holger Hollemann/dpa/Ini), 31or (Rolf Kremming/dpa), 33or (Jochen Tack/imageBROKER), 35ol (revierfoto/dpa), 36o (Judaica-Sammlung Richter), 36ml (The Advertising Archives), 38o (Sandro Campardo/Keystone), 39ol (Ulrich Perrey/dpa/Ino), 39u (Peter Kneffel/dpa), 40ul (Hauptzollamt Magdeburg/dpa/lah), 40m (Fredrik von Erichsen/dpa/lhe), 40mr (Kay Nietfeld/dpa), 40ur (Jan Woitas/lsn/dpa-Zentralbild), 41ml (Henning Kaiser/dpa), 41ul (Daniel Karmann/dpa/lby), 41o (Kay Nietfeld/dpa), 41mr (Boris Roessler/dpa), 42or (Hans-Jürgen Wiedl/dpa-Zentralbild/ZB), 43or (Jan Woitas/lah/dpa-Zentralbild/ZB), 45ul (GAETAN BALLY/KEYSTONE), 45ur (Boris Roessler/dpa); **Science Photo Library:** 2ml (Science Source/FBI), 9ul (Science Source/FBI), 15ol (Fermariello, Mauro), 15mr (Murray, Louise); **Shutterstock:** 1 (deepspace), 2or (olegbush), 3or (Andrey_Popov), 3ur (posteriori), 3ml (mattomedia Werbeagentur), 3ul (Neighbours Cat), 4o (Aaron Rutten), 6or (Morphart Creation), 6-7Hg. (roberaten), 7ur (Dmitry V. Petrenko), 7or (pyzata), 9or (Katherine Welles), 9mr (Giovanni G), 10ml (AVN Photo Lab), 10-11o (Schnur, Rahmen: bannosuke), 14-15Hg. (ch123), 15ur (kilukilu), 16ul (Couperfield), 17ol (mikeledray), 17ur (Myotis), 19mr (Protasov AN), 22ur (Couperfield), 23or (olegbush), 23mr (geogif), 23ur (Andrey_Popov), 25ol (Leszek Glasner), 27ur (mattomedia Werbeagentur), 29ul (Catalin Rusnac), 30or (mattomedia Werbeagentur), 31ur (Kzenon), 32-33Hg. (bluefish_ds), 32u (tommaso79), 32or (Andrey_Popov), 34Hg. (Tara Urbach), 34ur (Godlikear), 35ur (Heiko Kueverling), 37ur (Igor Zakowski), 42u (Andrey_Popov), 43ur (posteriori), 45or (Dragosh Co), 46ur (carlo dapino), 47ur (Neighbours Cat), 47or (lzf), 48or (metamorworks); **Smirnov, Nikolai:** 5or; **Südtiroler Archäologiemuseum:** 20o (Marion Lafogler); **Wikipedia:** 4ml (CC BY-SA-3.0/Thilo Parg), 7ol (PD/The book of days: a miscellany of popular antiquities), 8o (PD/http://fvidocq.free.fr/galerie_gravures.html), 10o (Doyle: PD/Arnold Genthe), 17or (CC BY-SA 4.0/Laurianedani), 38mr (CC BY-SA 4.0/Worldpeopleswiki)

Umschlagfotos: Shutterstock: U1 (Servikos); U4 (Couperfield)

Gestaltung: independent Medien-Design und Tessloff Verlag

ISBN 978-3-7886-2109-4

FSC www.fsc.org
MIX
Papier aus verantwortungsvollen Quellen
FSC® C002795

Die Reihe wird fortgesetzt.